meine Heimatküche

Johann Lafer ist der wohl bekannteste und beliebteste Spitzenkoch im deutschsprachigen Raum. Die meisten Menschen kennen den gebürtigen Steirer aus seinen verschiedenen Fernsehsendungen. Unter der Woche moderiert er regelmäßig die *Küchenschlacht*, er war der Mann der ersten Stunde bei *Kerners Köche* und manchmal ist er zu Gast bei *Lanz kocht*. Samstags kann man ihn mit seinem Freund und Kollegen Horst Lichter bei *Lafer! Lichter! Lecker!* sehen. Denn Johann Lafer kocht nicht nur zu Hause auf Sterne-Niveau. Sein Gourmetrestaurant „Le Val d'Or" in der historischen Stromburg in Stromberg bei Bingen ist ein Wallfahrtsort für Feinschmecker. In seiner hochmodernen Kochschule „Table d'Or", dem Forum für Kochkultur und Lebensart, im nahe gelegenen Guldental weiht er ambitionierte Freizeitköche auf charmante und liebenswürdige Weise in die Geheimnisse seines Könnens ein. Denn der Sternekoch betrachtet es als seinen Auftrag, die Kunst der feinen Küche und des Genießens einem breiten Publikum zugänglich zu machen. Schließlich sind Kochen und Genießen für ihn Lebensqualität in Reinform.

Seine Leidenschaft für eine authentische, ursprüngliche Küche hat ihre Wurzeln in der Küche seiner Kindheit in der Steiermark. Im vorliegenden Buch finden Sie die schönsten und besten Rezepte aus Johann Lafers Heimat – Lieblingsrezepte zum Schwelgen und Genießen.

JOHANN LAFER

meine Heimatküche

Liebe Leserinnen und liebe Leser,

wenn ich an meine Kindheit denke, dann erscheint ein Film vor meinen Augen und die Erinnerungen an intensive Geschmacks- und Geruchserlebnisse steigen auf: der Duft des Brotes, das meine Mutter gebacken hat, das intensive Grün unseres Nussbaumes im Hof meines Elternhauses, das Festmahl nach dem sonntäglichen Kirchgang, die Nachbarn, die uns bestes Obst brachten, die hohen Maisfelder, in denen man sich so gut verstecken konnte und das sanfte Wiegen der Weizenähren im Sommerwind …

So geht es wohl jedem, der seine Kindheit auf dem Land verbracht hat. Bei mir war das ein kleines Dorf im Osten der Steiermark, dem grünen Herzen Österreichs.

Der steirische Dichter Peter Rosegger spricht mir aus der Seele, wenn er vom „Paradies" erzählt, „denn anders kann man die Gegend nicht nennen, die weit ‚unten auf dem Lande', am Fuße des Kulm liegt, ein blühender, üppiger Obstgarten, so weit das Auge reicht! Die Gegend war fast unheimlich vor lauter Herrlichkeit. Hin und hin lange Strecken waren wir sozusagen eingewölbt von Äpfeln, Birnen und Zwetschken, die über uns auf den Bäumen hingen. Und zwischen den Bäumen durch, über Gärten, Bohnenranken, Kürbis- und Maisfelder her blauten die fernen Berge."

Ich bin sicher, dass die Achtung, die ich vor Lebensmitteln habe, und die hohe Wertschätzung, die ich ihnen entgegenbringe, große Geschenke sind, die ich meiner Kindheit verdanke. Dieser sorgsame Umgang mit der Natur war in meiner Jugend eine Selbstverständlichkeit und wird es für mich immer bleiben.

Erfreulicherweise erlebe ich auch in der heutigen Zeit immer wieder, welch großen Wert Steirer auf ihre kulinarischen Produkte legen, ganz gleich ob es um das berühmte Kürbiskernöl und den Wein geht, um Äpfel, Schinken, Schokolade oder Schnaps, Lebkuchen, Käse, Honig oder um die Wild-, Huhn- und Fischspezialitäten und viele Köstlichkeiten mehr. Meine Landsleute sind zu Recht stolz darauf, so aus dem Vollen schöpfen zu können. Nicht umsonst nannte Rosegger die Steiermark den „Obstgarten Österreichs"!

In diesem Buch zeige ich Ihnen nicht nur die kulinarische Vielfalt meiner Heimat, die für mich ein unerschöpflicher Quell der Inspiration geblieben ist, vom alpinen Norden bis zum mediterranen Süden – die schönsten Landschaften und deren Schätze sowie überzeugte und überzeugende Menschen, die in ihrer Arbeit mit den Naturprodukten für höchstes Qualitätsbewusstsein stehen.

Und natürlich verrate ich Ihnen hier meine liebsten steirischen Rezepte!

Genießen Sie diese Reise aus ganzem Herzen.

Ihr

Die Steiermark

Meine Heimat ist die Steiermark. Hier bin ich geboren und aufgewachsen, hier habe ich gelernt. Der weiche Dialekt meiner Landsleute ist mir vertraut, ich weiß, wie sie leben, wie sie kochen und was sie essen. Sobald ich steirischen Boden betrete, spüre ich: Hier sind meine Wurzeln, mit diesem Land sind mein Herz und meine Seele untrennbar verbunden.

DIE STEIERMARK LIEGT FAST GENAU MITTENDRIN in Österreich, weshalb sie auch als das „grüne Herz Österreichs" bezeichnet wird – zwei Drittel ihrer Fläche sind bewaldet, ein weiteres Viertel machen sattgrüne Wiesen und Weiden, Obst- und Weingärten aus. Mit einem Augenzwinkern nennt man sie aber auch den „Bauch Österreichs". Nicht zu Unrecht – denn was Österreich isst und genießt, was als österreichische Delikatessen gilt, was Feinschmecker dazu bringt, immer wieder dorthin zu kommen – das sind zum großen Teil Produkte aus der Steiermark.

Und so reise auch ich regelmäßig in meine Heimat und besuche meine Mutter und meine Schwestern – der erste kulinarische Höhepunkt, denn meine Mutter kocht mir natürlich das Lieblingsessen meiner Kindheit! Dann aber führt mich mein Weg regelmäßig durchs ganze Land zu den Produzenten – sie liefern

Weinberge, so weit das Auge reicht – die Landschaft in der Südsteiermark ist sanft und von mildem Klima bestimmt.

Der Grundlsee im Ausseer Land liegt malerisch umschlosasen von den schroffen Ausläufern des Toten Gebirges – sein Fischreichtum garantiert Anglerglück.

mir viele der besten Lebensmittel für meine Restaurantküche, die ich mir vorstellen kann: Wein, Säfte und Obstbrand, Äpfel, Holunder und Kren, Marmeladen und Käse, Vulcanoschinken, Almochsenfleisch und Milchkalb und nicht zu vergessen wunderbaren Essig und steirisches Kürbiskernöl.

Steirische Landschaften

Die Steiermark ist das zweitgrößte Bundesland Österreichs mit einer Vielfalt an Landschaften, wie sie unterschiedlicher nicht sein könnten: Der Norden präsentiert sich hochalpin, im äußersten Nordwesten sind die steirischen Seen des Ausseer Landes eingebettet in die Gipfellandschaft des Salzkammerguts. Südlich von Mürz und Mur werden die Berge sanfter, die Hügel grüner. Im Osten erstreckt sich das steirische Almenland, wo auf den saftigen, hoch gelegenen Weiden die Almochsen, Schafe und Ziegen grasen – Fleisch, Milch, Topfen und Käse werden hier produziert und schmecken so würzig, so fein und so delikat wie die Bergblumen und die Kräuter, die sich die Tiere als Nahrung suchen. Die Oststeiermark war früher das Land der Kleinbauern, die von der Hand in den Mund lebten und neben ihrer kleinen Landwirtschaft die Gaben der wilden Natur suchten, verarbeiteten und verkauften oder als eigenen Vorrat für den langen Winter anlegten: Beeren und Pilze aus dem Wald, Fische und Krebse aus Flüssen und Bächen, Wild, Kerne und Nüsse. Das jahrhundertealte Bauernwissen wurde in der Steier-

Der Obstgarten Österreichs – aus der Steiermark kommen achtzig Prozent der inländischen Apfelproduktion.

Eine Einkehr auf der Alm gehört zum Besuch in der Steiermark.

Die typischen Winzerhäuschen des Südens ducken sich in die Weinberge.

mark bewahrt und macht die steirische Küche bis heute so reich und gleichzeitig so modern.

Traditionell kreativ

In der Steiermark hat man immer schon regional gekocht, den Jahreszeiten entsprechend, mit den besten Produkten aus der eigenen Landwirtschaft, von Wald und Feld. Immer schon war man kreativ, musste es sein, denn es galt, das zu verwerten und verarbeiten, was es gerade gab, was gerade wuchs und zur Verfügung stand. Die besten Rezepte für eingemachte Beeren, eingelegte Pilze, luftgetrockneten Schinken und geräucherten Speck gibt es hier, für lange gereiften Bergkäse und Gemüse der Saison, für Mehlspeisen und Festtagsbraten. Inzwischen besinnt man sich mehr denn je auf die kulinarischen Traditionen und züchtet zum Beispiel wieder die alten Schweine- und Geflügelrassen, die langsam heranwachsen und ihr wohlschmeckendes Fleisch einer nachhaltigen Landwirtschaft im Einklang mit der umgebenden Natur verdanken. Hier gedeihen auch die Obstbäume, die ganz Österreich mit Äpfeln und Birnen, Pfirsichen und Holunder versorgen.

Richtung Süden taucht man ins mediterrane Klima ein – zusammen mit den Kalkböden der Hügel bietet es ideale Bedingungen für den Weinbau, was schon die Römer zu schätzen wussten. Eine Fahrt durch die Südsteiermark wird denn auch begleitet von dem malerischen Auf und Ab der Rebzeilen links und rechts der Straße, an denen die Trauben für die Weißweine wachsen, die ich in meinen Restaurants in Deutschland mit großem Stolz ausschenke.

Begleiten Sie mich nun auf der Reise durch meine Heimat – durch die unterschiedlichen Regionen mit ihrer Küche, mit den bekannten und beliebten ebenso wie den unbekannten Gerichten der Steiermark. Meine allerliebsten Heimatrezepte habe ich in diesem Buch für Sie aufgeschrieben.

Kein Jägerlatein – in den dichten Wäldern des Nordens leben Reh und Hirsch, Hasen und Gemsen.

Bei mir daheim –

die Küche meiner Kindheit

Vom Rosental nach Graz

Daheim, das ist für mich St. Stefan im Rosental in der Oststeiermark. Mit meinen Eltern und meinen beiden Schwestern wohnte ich in unserem kleinen Bauernhaus außerhalb des Dorfes, inmitten von Äckern, Wiesen und Wald.

AUF DER EINEN SEITE UNSERES ANWESENS ging es nach St. Stefan im Rosental, da war die Landstraße, die auch nach Graz führte. Auf der anderen Seite wand sich ein Pfad über die „Himmelsleiter" nach Kirchbach. Wir Kinder gingen hier sommers wie winters im Sonnenschein oder durch tiefen Schnee zur Schule, die Mutter zum Einkaufen. Während meine Mutter die Landwirtschaft betrieb, arbeitete mein Vater während der Woche im Magnesitwerk in Bruck an der Mur. Er kam erst samstags heim und blieb bis Sonntag Abend – müde und erschöpft. Meine Mutter war also allein mit uns, mit Haus und Hof. Sie baute Erdäpfel und Getreide auf den Äckern rund ums Haus an, sie mähte das reife Getreide, band es zum Trocknen auf und ließ es dreschen und mahlen, damit wir Mehl zum Brotbacken hatten. Zwei Kühe und zwei Jungkühe hatten wir im Stall, ab und zu ein Stierkalb, das verkauft wurde. Ein paar Schweine, Hühner und Hasen, im Gemüsegarten wuchsen Salat und Bohnen, Kraut und Kren für den Eigenbedarf. Aus unseren Äpfeln bereiteten wir Saft und Most zu. Wenn ich im Herbst aus der Schule kam, musste ich das Fallobst auflesen, bevor ich mich zu Tisch setzen durfte. Die guten Äpfel wurden für den Winter eingelagert, aus den angeschlagenen pressten wir Saft. Vor unserem Haus steht bis heute der mächtige alte Walnussbaum, der uns seit ich denken kann Unmengen an Walnüssen beschert. Im Oktober wurden die reifen Nüsse gemeinsam geknackt und getrocknet. Wir haben sie zum Backen verwendet wie Haselnüsse. Meine Mutter bereitet heute noch ihre Vanillekipferl mit Walnüssen zu.

Schwammerl und Schwarzbeeren

Im Sommer und im Herbst sind wir in den Wald gegangen – gleich nach der Schule. Deshalb liebe ich den Wald bis heute. Die Stille, die Ruhe, der Duft des Mooses und der feuchten Stämme und die Begegnung mit den scheuen Wildtieren – wie oft haben wir auf der Suche nach den besten Schwarzbeerplätzen ein Reh oder einen Feldhasen aufgescheucht! Meine Mutter war eine große Pilzsammlerin: Sie kennt alle Schwammerl, die in unseren Wäldern wachsen. Die schönsten Pilze haben wir verkauft, was übrig blieb, ergab eine feine Schwammerlsuppe oder wurde in Scheiben geschnitten, auf eine Schnur aufgefädelt und als Wintervorrat getrocknet.

Im Nebengebäude lebten meine Großeltern. Besonders mein Großvater ist mir in lebhafter Erinnerung. Legendär ist seine Eierspeise, ein Rührei, das er mir ab und an zubereitet hat, wenn ich sehr gebettelt habe. Ich liebte dieses Rührei, denn er tat sehr geheimnisvoll, wenn er die Eier verquirlt hatte. Aus seinem kleinen

Daheim in St. Stefan – hier bin ich aufgewachsen und meine Mutter lebt hier noch heute.

Auf dem Land wird frisch und deftig gekocht und man weiß, wo die Lebensmittel herkommen. Vieles wird bis heute selbst gemacht.

Auf dem Bauernmarkt in Graz wird schon in aller Frühe mit den Produkten aus der Region gehandelt.

Graz, die steirische Landeshauptstadt, ist jung und voller Leben, dabei war sie schon in der Keltenzeit besiedelt. Der Schlossberg (links oben) bildet das Zentrum der Altstadt. Von der Burg ist allein der Uhrturm erhalten – heute Wahrzeichen der Stadt.

Kräutergärtchen holte er ein paar braune Blätter und zupfte sie in die Eierspeise. Heute weiß meine Mutter nur noch, dass es wohl eine Art braune Minze gewesen sein muss.

Als besondere Belohnung setzte mir meine Mutter manchmal ein Weinchaudeau vor – wenn ich mit der schweren Arbeit des Schneeräumens fertig war oder wenn wir am Sonntag vom Kirchgang kamen. Dazu gab es selbst gebackene Biskotten – Löffelbiskuits, mit denen ich diese locker-schaumige Süßspeise auftunkte und mich im kulinarischen Himmel wähnte.

Jeden Sonntag stand eine Torte auf dem Tisch, oft eine Biskuitroulade, und ich habe meine Mutter genau beobachtet, wie sie die empfindliche Biskuitmasse hergestellt hat. Mehlspeisen waren eigentlich immer vorrätig, auch Kleingebäck, das sich eine Weile lagern ließ. Wenn Besuch kam wollte man etwas Süßes anbieten können. Die Favoriten daheim sind bis heute Spagatkrapfen und „normale", marmeladegefüllte Krapfen – zur besseren Unterscheidung nannten wir sie Stangerlkrapfen und Kugelkrapfen.

Früh übt sich …

Schon früh wollte ich in der Küche helfen. Das „Kochgen" habe ich von meiner Mutter geerbt, da bin ich mir sicher. So habe ich schon bald meinen Ehrgeiz darangesetzt, eine Biskuitroulade herzustellen, die mindestens ebenso gut schmeckte und aussah wie die meiner Mutter. Und meine Mutter hat mich darin unterstützt, wofür ich ihr bis heute dankbar bin. Mit neun Jahren bekam ich meine eigene Rührschüssel und einen Schneebesen für mich allein geschenkt. Da war mein Eifer entfacht, und ich stand fortan öfter in der Küche als meine Schwestern.

Trotzdem strengte ich mich in der Schule an – ich lernte gern. Meine Lehrer empfahlen mich für die höhere Schule, doch dafür war das Geld zu knapp. Schließlich rückte ich mit meinem Herzenswunsch heraus, und meine Eltern gaben nach – ich durfte Koch lernen. Mit meinem Vater fuhr ich nach Graz, um mich im berühmten Gösser-Bräu vorzustellen. Sechzehn Jahre war ich alt und zuvor ganz selten in der steirischen Hauptstadt gewesen. Das Leben in der großen Stadt war mir fremd, ich hatte fürchterliches Heimweh und wollte eigentlich nur zwei Dinge: kochen lernen und möglichst schnell wieder nach Hause fahren. Meine Lehrherrin Erika Wagner erinnert sich heute noch daran, wie wissbegierig ich war. Das Gasthaus im Zentrum von Graz war sieben Tage in der Woche von acht Uhr früh bis Mitternacht geöffnet. Rund um die Uhr herrschte Hochbetrieb. Dort habe ich die Basis der gutbürgerlichen Küche gelernt. Bald kam ich zu Rosa Jäger in die Mehlspeisenküche, und diese nahm mich unter ihre Fittiche und förderte meine Liebe zur süßen Küche – ich konnte dort auch meine Leidenschaft fürs Malen und Gestalten ausleben, indem ich die Desserts und Mehlspeisen immer neu dekorierte.

Mit dem Heimweh habe ich allmählich gelernt umzugehen. Doch die enge Verbindung zu meiner Mutter und zu meinem Zuhause ist immer geblieben. Und wenn ich heute so zurückdenke, an das selbst gebackene Brot meiner Mutter und den Duft, der ihre Küche stets durchzog, dann fällt mir der Satz des steirischen Dichters Peter Rosegger ein, der auch erkannte: „Wie reich war ich doch, als ich arm war."

Karfiol

mit Butterbröseln und Ei

FÜR 4 PERSONEN
ZUBEREITUNG: 30 Min.

1,5 kg Karfiol (Blumenkohl)
Salz
3 Eier
150 g Butter
60 g Semmelbrösel
3–4 Stängel Petersilie
Pfeffer

1. Karfiol waschen, putzen und in einzelne Röschen teilen. Diese in kochendem Salzwasser weich garen. Die Eier in kochendem Wasser in ca. 8 Minuten hart kochen. Schälen und in Spalten schneiden.
2. Butter in einer Pfanne aufschäumen, Semmelbrösel unterrühren. Die Petersilie waschen und trocken tupfen. Blättchen abzupfen und fein hacken. Karfiol und Eierspalten auf Teller verteilen und die Butterbrösel darübergeben. Alles noch einmal mit Salz und Pfeffer würzen und mit Petersilie bestreut servieren.

Geröstetes Bauernbrot

mit Rührei und Minze

FÜR 4 PERSONEN
ZUBEREITUNG: 25 Min.

4 Eier
50 g Sahne
Salz, Pfeffer
2 dünne Scheiben Speck
2 Zweige Minze
8 Scheiben Bauernbrot
80 g Butter

1. Eier mit Sahne verquirlen und mit Salz und Pfeffer würzen. Speck in feine Würfel schneiden, dabei die Schwarte entfernen. Minzeblätter abzupfen, waschen und trocken tupfen. In feine Streifen schneiden.
2. Backofengrill vorheizen. Brotscheiben mit etwa 50 g Butter bestreichen und unter dem Backofengrill von beiden Seiten goldbraun rösten.
3. Die restliche Butter in einer Pfanne zerlassen. Die verquirlten Eier und den Speck in die Pfanne geben und bei schwacher Hitze stocken lassen. Eier auf die gerösteten Brotscheiben verteilen und mit den Minzestreifen bestreuen.

Gebackener Häupterlsalat

mit Remouladensauce

FÜR 4 PERSONEN
ZUBEREITUNG: 40 Min.

2 Schalotten
1 hart gekochtes Ei
2 Essiggurken
½ Bund Petersilie
1 EL Kapern
2 Sardellenfilets
1 Bund Schnittlauch
250 g Mayonnaise
150 g Crème fraîche
Salz
Cayennepfeffer
1–2 TL Zitronensaft
2–3 Häupterlsalat (Kopfsalat; möglichst feste Köpfe)
2 Eier
Pfeffer
Mehl zum Wenden
ca. 150 g Semmelbrösel
100 g Butterschmalz

1. Schalotten schälen und sehr fein würfeln. Das Ei abschälen und mit den Gurken in Würfel schneiden. Petersilie waschen und trocken schütteln. Die Blättchen abzupfen und zusammen mit Kapern und Sardellen fein hacken. Schnittlauch waschen, trocken tupfen und in Röllchen schneiden. Die vorbereiteten Zutaten mit Mayonnaise und Crème fraîche verrühren. Sauce mit Salz, Cayennepfeffer und Zitronensaft abschmecken.
2. Salatköpfe waschen und sehr gut trocken schütteln. Die losen äußeren Blätter entfernen. Den festen Salatkopf quer in etwa 1 cm dicke Scheiben schneiden. Die Eier verquirlen. Salatkopfscheiben salzen, pfeffern und in Mehl wenden. Überschüssiges Mehl etwas abklopfen, dann die Scheiben durch die verquirlten Eier ziehen und in den Semmelbröseln wenden.
3. Das Butterschmalz in einer Pfanne erhitzen. Die panierten Salatscheiben auf jeder Seite etwa 30 Sekunden im heißen Schmalz goldbraun ausbacken. Auf Küchenpapier abtropfen lassen und sofort mit der Sauce servieren.

Dazu passen am besten frisch gekochte Salzerdäpfel.

Gebackene Blutwurst
mit Apfelkompott

FÜR 4 PERSONEN
ZUBEREITUNG: 45 Min.

3 Äpfel
150 ml Apfelsaft
2 cl steirischer Apfelbrand
1 Prise Zimt
2–3 EL Zucker
3 trockene Semmeln (Brötchen)
2 Eier
500 g Blutwurst
50 g Mehl
80 g Vogerlsalat (Feldsalat) oder andere Salatsorten, wie z. B. Spinat, Rote-Rüben-Blättchen, junger Mangold oder Rucola
Salz, Pfeffer
2–3 EL Kürbiskernöl
1 EL Apfel-Balsamessig
100 g Butterschmalz

1. Für das Apfelkompott die Äpfel schälen und vom Kerngehäuse befreien. Äpfel in kleine Würfel schneiden und mit Apfelsaft, Apfelbrand, einer Prise Zimt sowie dem Zucker in einen Topf geben. Das Kompott bei mittlerer Hitze unter gelegentlichem Umrühren kochen lassen, bis die Äpfel weich, aber nicht zerfallen sind. Das dauert je nach Apfelsorte 10–20 Minuten. Im Kühlschrank auskühlen lassen.
2. Semmeln würfeln, in einer Küchenmaschine zu Bröseln mahlen und in einen tiefen Teller füllen. Die Eier verquirlen. Die Blutwurst in 1,5 cm dicke Scheiben schneiden. In Mehl wenden, durch die Eier ziehen und in den Bröseln wenden.
3. Salat putzen, waschen und trocken schleudern. Aus Salz, Pfeffer, Öl und Essig eine Sauce rühren und den Salat darin wenden.
4. Butterschmalz in einer Pfanne erhitzen und die panierten Wurstscheiben darin von beiden Seiten in 1–2 Minuten goldbraun ausbacken. Auf Küchenpapier abtropfen lassen und mit dem Apfelkompott und etwas Salat anrichten.

„Jedes Mal, wenn ich Blutwurst zubereite, muss ich an meine Kindheit denken: Am Schlachttag gab es frische Blutwurst, die ich als kleiner Bub natürlich anfangs nicht essen wollte. Erst spät entdeckte ich den feinen Geschmack und die vielen Möglichkeiten, diese Spezialität zuzubereiten.“

STAUB

Saftgulasch

nach Wiener Art

FÜR 4 PERSONEN
ZUBEREITUNG: 45 Min.
+ 3 Std. Garen

800 g Gemüsezwiebeln
50 g Butterschmalz
1 kg gut durchwachsenes Rindfleisch (z. B. Wade oder Schulter)
3 Knoblauchzehen
1 TL Kümmel
2 EL Paprikapulver, edelsüß
2 EL Tomatenmark
3 EL Rotweinessig
400 ml kräftige Fleischbrühe
2 Lorbeerblätter
Salz, Pfeffer

1. Zwiebeln schälen und würfeln. In einem Bräter das Butterschmalz erhitzen und die Zwiebeln darin bei schwacher bis mittlerer Hitze 30 Minuten goldbraun schmoren. Dabei regelmäßig umrühren.
2. In der Zwischenzeit das Rindfleisch in etwa 4 cm große Würfel schneiden. Knoblauch schälen und zusammen mit dem Kümmel fein hacken.
3. Paprikapulver, Tomatenmark, Essig und Fleischbrühe verrühren und zu den Zwiebeln gießen. Das gewürfelte Fleisch, Lorbeerblätter, Knoblauch und Kümmel zufügen. Deckel auflegen und das Gulasch bei schwacher bis mittlerer Hitze 3–4 Stunden auf dem Herd oder bei 180 °C im Backofen schmoren, bis die Zwiebeln zerfallen sind und das Fleisch zart ist.
4. Das Gulasch mit Salz und Pfeffer abschmecken und die Lorbeerblätter entfernen.

Dazu passt am besten frisches Bauernbrot oder Bandnudeln.

„Ein gutes Gulasch braucht Zeit, das hat mir meine Mutter schon erklärt. Schnell ein gutes Gulasch zu machen, das ist kaum möglich. Dafür gehört es zu den Gerichten, die aufgewärmt fast noch besser schmecken – die Aromen brauchen einfach lange, um sich zu einem harmonischen Ganzen zu verbinden.“

Backhendl

FÜR 4 PERSONEN
ZUBEREITUNG: 45 Min.

2 Brathähnchen (à ca. 1100 g)
3 Eier
Salz, Cayennepfeffer
80–100 g Mehl
150 g Semmelbrösel
Pfeffer
Sonnenblumenöl zum Beträufeln
2 Häupterlsalat (Kopfsalat)
2–3 EL saure Sahne
1 EL Weißweinessig
3 EL Rapsöl
2 Zitronen

1. Die Hähnchen außen und innen abspülen und abtrocknen und in insgesamt 8 Stücke zerteilen: Brüste herausschneiden und jeweils halbieren, Keulen abtrennen und halbieren. Nach Belieben die Haut entfernen. Den Backofen auf 220 °C vorheizen.
2. Die Eier verquirlen. Die Hendlstücke mit Salz und Cayennepfeffer kräftig würzen, in Mehl wenden, durch die verquirlten Eier ziehen und in Semmelbröseln wenden.
3. Die panierten Hendlstücke auf ein Backblech legen, mit Öl beträufeln und im heißen Backofen ca. 30 Minuten backen. Dabei einmal umdrehen.
4. Inzwischen den Salat putzen, waschen und trocken schleudern. In mundgerechte Stücke teilen. Saure Sahne mit Essig und Öl verquirlen, den Salat locker untermischen und mit Salz und Pfeffer würzen.
5. Die Zitronen in Spalten schneiden. Die Backhendlstücke auf Küchenpapier abtropfen lassen, auf Tellern anrichten und mit Zitronenspalten garnieren.

„Backhendl mit Salat – mein zweitliebstes Gericht, seit ich ein kleiner Bub gewesen bin. Mein Lieblingsgericht steht auf der nächsten Seite, den Erdäpfel-Gurken-Salat mit Kernöl mag ich auch zum Backhendl am liebsten.“

Wiener Schnitzel

mit steirischem Erdäpfel-Gurken-Salat

FÜR 4 PERSONEN
ZUBEREITUNG: 1 ½ Std.

1 kg festkochende Erdäpfel (Kartoffeln)
Salz
1 Salatgurke
1 Zwiebel
100 g Speck in Scheiben
30 g Butter
80 ml Weißweinessig
200 ml Geflügelbrühe
1 EL Senf
8 EL Sonnenblumenöl
4 Kalbsschnitzel à 100 g
2 Eier
1–2 EL geschlagene Sahne
Pfeffer
50 g Mehl
150 g Semmelbrösel
150 g Butterschmalz
2 Zitronen
4 EL Kürbiskernöl
3 EL Schnittlauchröllchen
Sonnenblumenöl für die Folien

1. Erdäpfel in reichlich Salzwasser weich kochen. Abkühlen lassen, schälen und in dünne Scheiben schneiden. Die Gurke schälen, der Länge nach halbieren und mit einem Löffel die Kerne auskratzen. Gurkenhälften in Scheiben schneiden und zu den Erdäpfeln geben.
2. Zwiebel schälen, vom Speck die Schwarte entfernen. Beides in feine Würfel schneiden und in zerlassener Butter anbraten. Mit Essig ablöschen, Brühe angießen und etwas einkochen lassen. Die heiße Marinade zusammen mit Senf und Öl zu den Erdäpfel- und Gurkenscheiben geben, gut durchmischen und ½ Stunde ziehen lassen.
3. In der Zwischenzeit die Kalbsschnitzel zwischen 2 geölten Stücken Klarsichtfolie plattieren. Die Eier mit der Schlagsahne verquirlen. Schnitzel salzen und pfeffern, in Mehl wenden, durch die Eier-Sahne-Mischung ziehen und in den Semmelbröseln wenden.
4. Butterschmalz in einer großen Pfanne erhitzen und die Schnitzel darin schwimmend von beiden Seiten goldbraun ausbacken. Herausnehmen und auf Küchenpapier abtropfen lassen.
5. Die Zitronen in Spalten schneiden und die Schnitzel damit garnieren. Erdäpfel-Gurken-Salat mit Kürbiskernöl beträufeln, mit Schnittlauch bestreuen und zu den Schnitzeln servieren.

„Mein absolutes Lieblingsgericht! Auch heute noch wünsche ich mir von meiner Mutter zum Mittagessen ihr Wiener Schnitzel, wenn ich sie daheim in St. Stefan besuche."

Apfelstrudel

FÜR 4 PERSONEN
ZUBEREITUNG: 1½ Std.
+ Marinieren über Nacht
+ 2 Std. Kühlen + 25 Min. Backen

FÜR DIE ROSINEN:
3 cl Apfelbrand
2 EL Zucker
50 g Rosinen

FÜR DEN TEIG:
200 g Mehl
2 EL Pflanzenöl
1 Prise Salz
1 TL Öl zum Bestreichen

FÜR DIE FÜLLUNG:
1 kg säuerliche Äpfel
(z. B. Boskop)
Saft von ½ Zitrone
60 g Mandelblättchen
80 g Zucker
1 TL Zimt
80 g Butter
ca. 50 g Semmelbrösel

AUSSERDEM:
Mehl zum Ausziehen
Puderzucker zum Bestäuben
halbsteif geschlagene Sahne
nach Belieben

1. Apfelbrand mit 50 ml Wasser und Zucker erhitzen, Rosinen darin über Nacht einweichen (weglassen, wenn Kinder mitessen).
2. Mehl, Öl, Salz und 120 ml lauwarmes Wasser zu einem glatten Teig verkneten. 5 Minuten lang kräftig durchkneten. Teig zu einer Kugel formen, mit etwas Öl einstreichen, in Frischhaltefolie wickeln und für 2 Stunden im Kühlschrank ruhen lassen.
3. In der Zwischenzeit die Äpfel schälen, vom Kerngehäuse befreien und vierteln. Die Viertel in dünne Scheiben schneiden bzw. hobeln und mit Zitronensaft beträufeln.
4. Mandelblättchen in einer Pfanne ohne Fett goldbraun rösten und zusammen mit Zucker, Rosinen und Zimt zu den Apfelscheiben geben.
5. Den Backofen auf 200 °C vorheizen. Teig aus der Folie wickeln und auf einem leicht bemehlten Tuch dünn ausrollen. Mit beiden Handrücken unter den Teig fahren und den Teig über die Handrücken von der Mitte her dünn ausziehen. Der Teig soll so dünn sein, dass man das Muster des Küchentuchs darunter erkennen kann.
6. Die Butter zerlassen und den Strudelteig dünn mit einem Teil davon bestreichen. Den Teig mit Semmelbröseln bestreuen. Apfelmischung darauf verteilen, dabei die Seitenränder frei lassen. Seitenränder 2 cm einschlagen, damit die Füllung nicht auslaufen kann.
7. Das Tuch am Rand nun leicht anheben und den Strudel langsam einrollen. Das Tuch immer wieder nachfassen, damit der Strudel schön kompakt wird. Den Strudel mithilfe des Tuchs vorsichtig auf ein mit Backpapier ausgelegtes Blech setzen und mit der restlichen flüssigen Butter bestreichen. Im heißen Backofen auf der mittleren Schiene 20–25 Minuten backen.
8. Den Strudel noch warm mit einem Sägemesser in Stücke schneiden, mit Puderzucker bestäuben und nach Belieben mit halbsteif geschlagener Sahne servieren.

Wem das Zubereiten des Strudelteiges zu aufwendig ist, der kann auch fertig ausgerollten Strudelteig aus dem Kühlregal verwenden.

Marillenknödel

FÜR 6 PERSONEN
ZUBEREITUNG: 1 ½ Std.

500 g mehlig kochende Erdäpfel (Kartoffeln)
2 Eigelb
100 g Mehl
50 g Hartweizengrieß
150 g Butter
75 g Zucker
100 g Semmelbrösel
6 reife Marillen (Aprikosen)
6 Stücke Würfelzucker
2–3 EL Marillenbrand
Salz
Puderzucker zum Bestäuben

1. Den Backofen auf 200 °C vorheizen. Erdäpfel in Alufolie wickeln, auf den Backofenrost legen und im heißen Ofen in ca. 1 Stunde weich garen. Gegarte Erdäpfel auspacken, schälen und durch die Presse drücken. Mit Eigelben, Mehl und Grieß zu einem glatten Teig kneten.
2. In der Zwischenzeit 50 g Butter in einer großen Pfanne zerlassen, den Zucker unterrühren und schmelzen. Die Semmelbrösel zugeben und unter Wenden hellbraun anrösten. Beiseite stellen.
3. Marillen aufschneiden und entsteinen. Den Würfelzucker mit Marillenbrand beträufeln und je 1 Stück Zucker in die Höhlung der Marillen stecken. Die Marillenhälften wieder zusammendrücken.
4. Den Teig auf der bemehlten Arbeitsfläche gut durchkneten und in 6 gleich große Stücke teilen. Jedes Teigstück auf der bemehlten Arbeitsfläche zu einem runden flachen Fladen drücken und jeweils eine Marille in die Mitte setzen. Den Teig mit bemehlten Händen vorsichtig über die Marille ziehen und zum Knödel formen.
5. Reichlich Salzwasser in einem großen Topf zum Kochen bringen. Die Knödel hineingeben und bei mittlerer Hitze etwa 15–20 Minuten garen, dabei die Knödel öfter wenden. Die Knödel mit einer Schaumkelle herausnehmen, gut abtropfen lassen und in den Bröseln wenden. Die restliche Butter in einem kleinen Topf leicht bräunen.
6. Pro Portion einen Knödel auf einem großen Teller anrichten, mit Puderzucker bestäuben und mit der heißen braunen Butter beträufeln.

Warmer Reisauflauf
mit Himbeeren und Pfirsichen

FÜR 4 PERSONEN
ZUBEREITUNG: 45 Min.
+ 15 Min. Backen

300 ml Milch
Mark von 1 Vanilleschote
80 g Milchreis
4 reife Pfirsiche
100 g Zucker
50 g Butter
150 ml Pfirsichsaft
400 g frische Himbeeren
2 Eier (Größe M)
1 Prise Salz
Butter für die Form
Puderzucker zum Bestäuben

1. Milch aufkochen, Vanillemark und Reis zufügen. Den Reis bei mittlerer Hitze in etwa 20 Minuten ausquellen lassen. Dabei öfter umrühren. Den Topf vom Herd nehmen und den Reis abkühlen lassen.
2. In der Zwischenzeit die Pfirsiche waschen, trocken tupfen, halbieren und entsteinen. Die Schnittflächen mit etwas Zucker bestreuen und mit dieser Seite in eine große Pfanne mit zerlassener Butter setzen. Etwa 4 Minuten anbraten und wenden. Pfirsichsaft zugießen und sirupartig einkochen lassen.
3. Pfirsichhälften mit der Höhlung nach oben nebeneinander in eine gebutterte Gratinform setzen und mit Sirup beträufeln. Himbeeren darauf verteilen.
4. Den Backofen auf 225 °C vorheizen. Die Eier trennen. Eigelbe mit 3 EL Zucker schaumig schlagen. Den abgekühlten Milchreis darunterrühren. Die Eiweiße mit dem Salz sehr steif schlagen. Dabei den restlichen Zucker nach und nach einrieseln lassen. Den Eischnee unter die Reismasse heben.
5. Reismasse auf die Pfirsiche verteilen. Pfirsiche im Ofen in etwa 15 Minuten goldbraun backen. Frisch aus dem Ofen mit Puderzucker bestäuben und servieren.

Weinchaudeau mit Biskotten

FÜR 4 PERSONEN
ZUBEREITUNG: 45 Min.

FÜR DIE BISKOTTEN (LÖFFELBISKUITS):
3 Eier
Mark von 1 Vanilleschote
125 g Puderzucker
30 g Zucker
100 g Mehl

FÜR DAS CHAUDEAU:
3 Eigelb
50 g Zucker
100 ml Weißwein
abgeriebene Schale von je ½ Bio-Orange und Bio-Zitrone
Puderzucker zum Bestäuben

1. Den Backofen auf 180 °C vorheizen. Die Eier trennen. Eigelbe mit Vanillemark und 3 EL Puderzucker schaumig schlagen. Eiweiße mit Zucker zu steifem Schnee schlagen. Dann abwechselnd mit dem Mehl unter die Eigelbmasse heben.
2. Die Masse in einen Spritzbeutel mit Lochtülle füllen und etwa 6 cm lange Biskotten auf ein mit Backpapier belegtes Backblech spritzen. Biskuits mit restlichem Puderzucker großzügig bestäuben und im Ofen etwa 12–14 Minuten lichtgelb backen. Herausnehmen und abkühlen lassen.
3. Für das Chaudeau die Eigelbe mit Zucker, Wein, Orangen- und Zitronenschale in eine Schüssel (am besten eine halbrunde Schlagschüssel) geben und verrühren. Schüssel auf einen passenden Topf mit leicht kochendem Wasser setzen und zu einer dickschaumigen Creme mit lockerem Stand aufschlagen. Schüssel vom Topf nehmen, Chaudeau noch etwas weiterschlagen. Sofort mit Biskotten servieren.

„Im Winter, wenn ich den schweren Schnee vor unserem Haus geräumt hatte, hat mir meine Mutter etwas ganz Besonderes als Belohnung gekocht: ein Weinchaudeau. Natürlich nahm sie Apfelsaft statt Wein dafür, aber die Creme schmeckte trotzdem herrlich, und ich aß sie mit selbst gemachten Löffelbiskotten ganz allein auf.“

Heimat

Spagatkrapfen

FÜR 4 PERSONEN
ZUBEREITUNG: 1 Std.
+ 4 Std. Kühlen

FÜR DEN TEIG:
250 g Mehl
30 g Puderzucker
1 Ei
abgeriebene Schale
von 1 Bio-Zitrone
1 TL Zimt
3 EL Weißwein
125 g weiche Butter
1 Prise Salz

AUSSERDEM:
Mehl für die Arbeitsfläche
ca. 1 kg Butterschmalz
zum Frittieren
75 g Zucker
1 EL Zimt

1. Aus Mehl, Puderzucker, Ei, Zitronenschale, Zimt, Weißwein, Butter und Salz einen glatten Teig kneten. Mit Klarsichtfolie abdecken und mindestens 4 Stunden kühl stellen.
2. Den Teig auf einer mit Mehl bestäubten Arbeitsfläche 3 mm dünn ausrollen und mit einem Teigrädchen ca. 5 x 8 cm große Rechtecke ausradeln. Auf ein mit Mehl bestäubtes Backblech legen und erneut kühl stellen.
3. Das Butterschmalz in einem Topf oder in einer Friteuse auf ca. 170 °C erhitzen. Ein Teigstück auf eine spezielle Spagatkrapfenzange klemmen oder auf das Ende eines Rundholzstabs (Ø 2–3 cm) legen und mit einem Bindfaden (Spagat) fest an den Stab wickeln. Den Stab mit dem Teigstück für ca. 3–5 Minuten in das heiße Butterschmalz tauchen. Herausnehmen, den Bindfaden entfernen und den hellbraun angebackenen Spagatkrapfen zum Abtropfen auf Küchenpapier legen. Die übrigen Krapfen nacheinander auf die gleiche Weise herstellen.
4. Zucker und Zimt vermischen. Den Spagatkrapfen darin wälzen und in einer Gebäckdose aufbewahren. Nach einer Woche sind sie besonders mürbe und zart.

„Die Spagatkrapfen gehören für mich zum Alltag daheim. Meine Mutter backt sie heute noch auf Vorrat, damit zum Kaffee immer eine süße Mehlspeise auf dem Tisch steht. Dieses Gebäck wurde früher mit einem runden Stab geformt, auf dem man den Teig vor dem Ausbacken mit dünner Schnur (Spagat) festgebunden hat. Inzwischen gibt es bei uns überall eine spezielle Zange dafür zu kaufen.“

Vanillekipferl

FÜR CA. 40 STÜCK
ZUBEREITUNG: 45 Min.
+ Ruhen über Nacht + insgesamt
2½ Std. Kühlen + 15 Min. Backen

2 Vanilleschoten
200 g Puderzucker
50 g geschälte, gemahlene Mandeln
100 g kalte Butter
1 Prise Salz
1 Eigelb
125 g Mehl

1. Am Vortag die Vanilleschoten auskratzen. Das Mark in einer gut schließenden Dose aufbewahren, die Schoten mit 150 g Puderzucker zum Wälzen in ein Glas geben und verschließen.
2. Mandeln in einer Pfanne unter regelmäßigem Wenden goldbraun rösten. Beiseite stellen und auskühlen lassen.
3. Butter, restlichen Puderzucker, Salz, Eigelb, Vanillemark, geröstete Mandeln und Mehl rasch zu einem glatten Teig kneten. In Folie gewickelt 2 Stunden kühl stellen.
4. Den Backofen auf 160 °C vorheizen. Den Teig zu Rollen (Ø 3 cm) formen und in walnussgroße Stücke teilen. Diese zu Kipferln (Hörnchen) formen und auf ein mit Backpapier belegtes Blech setzen. 30 Minuten kalt stellen, dann in den Ofen schieben und in 15 Minuten lichtgelb backen. Nach dem Backen sofort in Vanillepuderzucker wenden.

Husarenkrapferl

FÜR CA. 40 STÜCK
ZUBEREITUNG: 45 Min.
+ 2½ Std. Kühlen + 15 Min. Backen

150 g weiche Butter
150 g Puderzucker
Schale von ½ Bio-Zitrone
½ TL Zimt
5 Eigelb
200 g Mehl
100 g geschälte, gemahlene Mandeln
ca. 125 g Johannisbeergelee

1. Butter mit 100 g Puderzucker schaumig schlagen. Zitronenschale und Zimt untermischen, nach und nach die Eigelbe unterrühren. Mehl und Mandeln einarbeiten und den Teig zugedeckt 2 Stunden kalt stellen.
2. Johannisbeergelee glatt rühren. Vom Teig walnussgroße Stücke abstechen und zu Kugeln formen. Die Krapferl auf ein mit Backpapier belegtes Backblech setzen. Mit einem Holzlöffelstiel Vertiefungen in die Teigkugeln drücken und diese mit Johannisbeergelee füllen. 30 Minuten kalt stellen.
3. Backofen auf 160 °C vorheizen. Die Krapferl in den Ofen schieben und darin etwa 15–20 Minuten backen. Abkühlen lassen und mit dem restlichen Puderzucker bestäuben.

Biskuitroulade
mit Marillenfüllung

FÜR 4–6 PERSONEN
ZUBEREITUNG: 1 Std.
+ 10 Min. Backen + 2 Std. Kühlen

400 g reife Marillen (Aprikosen)
Saft von 1 Zitrone
100 g Gelierzucker 3:1
3 Blatt Gelatine
4 Eier
75 g Puderzucker
1 Prise Salz
80 g Mehl
30 g Speisestärke
Puderzucker zum Bestäuben

1. Marillen waschen, halbieren und entsteinen. Mit Zitronensaft und Gelierzucker in einen hohen Becher geben und mit einem Mixstab fein pürieren. Marillenpüree in einen Topf umfüllen und aufkochen lassen. Unter ständigem Rühren 4 Minuten sprudelnd kochen lassen. Den Topf vom Herd ziehen.
2. Die Gelatine 4 Minuten in kaltem Wasser einweichen. Blätter ausdrücken und in die heiße Marillenmarmelade rühren, bis sie sich aufgelöst haben. Marmelade im Kühlschrank vollständig erkalten lassen.
3. Den Backofen auf 200 °C vorheizen. Eier mit Puderzucker und Salz ca. 5 Minuten lang mit dem Handrührgerät dickschaumig aufschlagen. Mehl mit Stärke mischen, über den Eischaum sieben und behutsam unterheben.
4. Biskuitmasse ca. 1 cm dick auf ein mit Backpapier belegtes Backblech streichen und im Ofen etwa 10 Minuten backen. Den Biskuit herausnehmen und sofort auf ein mit Puderzucker bestäubtes Tuch stürzen, sodass das Backpapier oben ist.
5. Das Papier vorsichtig abziehen und den Biskuit mit der ausgekühlten Marillenmarmelade bestreichen. Mithilfe des Tuchs zu einer Roulade aufrollen. 2 Stunden kalt stellen.
6. Biskuitrolle mit Puderzucker bestäuben. Nach Belieben mit einer an einer Gasflamme erhitzten Gabel ein Gittermuster in den Zucker einbrennen.

„Bei uns zu Hause gab es häufig eine Biskuitroulade, die eigentlich eine Schicksalsroulade war. Himmelhoch jauchzend oder zutiefst betrübt, die Gemütszustände meiner Mutter hingen davon ab, ob die Roulade gelungen war.“

Reicher Fang am Grundlsee –

Fisch aus dem steirischen Meer

Von Hecht und Krebs

„Steirisches Meer" nennt man den Grundlsee – er ist der größte See der Steiermark und so tief, dass noch niemand ganz unten war: wo der sagenhafte Grundlsee-Wassermann wohnt, der den Menschen an seinem Ufer wohlgesinnt ist und dafür sorgt, dass sie ihr Auskommen haben.

Schloss Grundlsee mit dem mächtigen Reichenstein.

BIS ZU 64 METER reicht dieser See in die Tiefe – ein riesiges Wasserreservoir von Trinkwasserqualität, ein Glück für die Fischer, die im klaren, frischen Seewasser reichen Fang machen. Hecht, Saibling, Forelle, Aitel und Barsch werden hier gefangen, ebenso die seltenen Reinanken, eine Fischart, die nur in tiefen Seen vorkommt, hauptsächlich im Voralpengebiet. Sie gehört zur selben Gattung wie andernorts die begehrten Renken oder Felchen. Die malerischen alten Fischerboote aus früheren Zeiten, die Plätten, werden freilich nur noch zu besonderen Gelegenheiten hervorgeholt – etwa wenn es ans südliche Ufer geht zur alljährlichen Lechpartie.

Das Fest der Fischer

Dieses althergebrachte Fest gibt es nur hier im Ausseer Land, am Grundlsee und am nahe gelegenen Altausseer See. Im Oktober und November, wenn mit der Laichzeit der Fische auch die Arbeit für die Saison beendet ist, treffen sich die Fischer traditionell zu ihrem Herbstfest.

Die milde Spätherbstsonne lässt den See betörend glitzern, wenn das Boot die Fischerhütte ansteuert. Beständig plätschern die Wellen an den Steg, während wir aussteigen und uns schon die Hitze aus der Hütte entgegenschlägt. Ein kleines, von den Fischern selbst gezimmertes Holzblockhaus ist das. Sein Zentrum bildet eine große offene Feuerstelle, auf der der Fischmeister schon Stunden vor dem

Die traditionellen Plätten auf dem Grundlsee werden im Stehen gerudert und gleichzeitig gesteuert.

Eintreffen der Gäste ein Feuer entzündet hat. Saiblinge und Forellen werden in einer ausgeklügelten Prozedur gegart – halb geräuchert, halb gegrillt – und schmecken unvergleichlich gut. Dazu gibt es nichts als Brot und einen trockenen steirischen Weißwein – und Musik, Lachen, Unterhaltung.

Wir Steirer feiern gern – nicht nur im mediterranen südlichen Weinland, sondern auch hier in der Nordsteiermark!

Von zwei Bächen wird der Grundlsee gespeist. Sie kommen aus dem kleinen Toplitzsee und dem winzigen Kammersee, die wie an einer Schnur in Ost-West-Richtung aufgereiht nebeneinanderliegen, im Norden begrenzt von den hoch aufragenden Gipfeln des Toten

Bis vor wenigen Jahrzehnten dienten die Plätten auf den Seen des Salzkammerguts noch zum Transport von Heu, Brennholz und Salz.

Gebirges. In den Bächen findet man mit etwas Glück noch Flusskrebse – Zeichen für die hervorragende Wasserqualität. Kristallklar plätschert das kalte Nass über die in jahrtausendelanger Strömung weich und sanft geschliffenen Kiesel. Die Krebse verbergen sich gern darunter. Wer die Eigenarten des Krebses kennt, findet ihn ohne Mühe.

Beim Krebsfangen

Für uns Bauernkinder war es damals ein Vergnügen, das ich meist nur aus sicherer Distanz erlebte: das Krebsfangen. Im Muggentaler Bach hinter unserem Haus in St. Stefan im Rosental tummelten sich unzählige Flusskrebse. Besonders gut sah man sie in der Nacht: Da leuchteten wir mit Taschenlampen in den Bach, bis es im Lichtkegel gewimmelt hat vor Krebsen. Heute bereue ich es, dass wir diese Fülle der Natur nicht öfter genutzt haben. Doch als Bub hatte ich vor den Krebsen eher Angst – sie krabbelten sogar auf der Wiese neben dem Bach herum, und wer wusste schon, ob sie einen nicht doch einmal ganz gewaltig zwicken würden?

Meine Großeltern dagegen feierten den Sommer mit Terrinen voller Krebse. Grau waren die Tiere, wenn sie aus dem Bach geholt wurden, und appetitlich rosa kamen sie dann gekocht auf den Tisch. Dazu gab es Knoblauchmayonnaise mit Eiern von den eigenen Hühnern und selbst gebackenes Brot – ein wahres Festmahl!

Ob es bei mir daheim im Bach immer noch so viele Krebse gibt, das müsste ich bei einem Heimatbesuch einmal überprüfen. Dank der hervorragenden Wasserqualität der steirischen Bäche und Seen ist der Flusskrebs aber weiterhin verbreitet, zur Freude aller Genießer. Rund um den Grundlsee sorgt offenbar der Wassermann sehr zuverlässig dafür, dass Krebse und Fische nicht ausgehen.

Eine gute Ausrüstung gehört dazu, und eine Portion Anglerglück.

Wenn es Abend wird im Herbst und die Saison zu Ende ist, treffen sich die Fischer zur Lechpartie in ihrer Hütte am See. Sie feiern ihren Erntedank und grillen Fisch am offenen Feuer.

Warmer Räuchersaibling

auf Gurkenremoulade

FÜR 4 PERSONEN
ZUBEREITUNG: 45 Min.

Filets von 2 Saiblingen, ohne Haut (4 Filets)
Salz, Pfeffer
Saft von 1 Zitrone
50 g Räucherspäne (Anglerbedarf)
1 Salatgurke
1 Bund Dill
1 EL Kapern
2 Sardellenfilets
1 Bund Schnittlauch
250 g Mayonnaise
150 g Crème fraîche
2–3 EL steirisches Kürbiskernöl
Dill und Schnittlauch zum Garnieren

1. Saiblingsfilets abbrausen und trocken tupfen. Die Filets aufrollen und mit je einem Holzspieß feststecken. Röllchen mit Salz, Pfeffer und etwas Zitronensaft würzen.
2. Räucherspäne gleichmäßig in einen Bräter oder breiten Topf verteilen, sodass der Boden völlig bedeckt ist. Saiblingsröllchen auf einen Dämpfeinsatz legen, diesen auf die Räucherspäne setzen und mit einem passenden Deckel verschließen. Bräter bzw. Topf auf den heißen Herd oder – noch besser – im Freien auf einen Grillrost stellen, die Späne entzünden und so zum Rauchen bringen. Den Fisch langsam in ca. 20 Minuten im Rauch garen.
3. Inzwischen die Gurke schälen und der Länge nach vierteln. Die Kerne entfernen. Die Gurkenviertel in kleine Würfel schneiden. Dill waschen und trocken schleudern. Dicke Stiele entfernen, und die Blättchen zusammen mit Kapern und Sardellen fein hacken. Schnittlauch waschen, trocken tupfen und in feine Röllchen schneiden. Die vorbereiteten Zutaten mit Mayonnaise, Crème fraîche und Kürbiskernöl verrühren. Die Remoulade mit Salz, Pfeffer und Zitronensaft abschmecken.
4. Fertig geräucherte Saiblingsfilets noch warm mit der Gurkenremoulade anrichten, mit Kräutern garnieren und servieren.

Als Vorspeise servieren Sie ein Saiblingsröllchen pro Person. Wenn Sie die Röllchen als Hauptgang reichen, verdoppeln Sie die Menge.

Mousse von Räucherfischen

mit karamellisierten Äpfeln und Salat

FÜR 4 PERSONEN
ZUBEREITUNG: 45 Min.
+ 3–4 Std. Kühlen

3 Blatt Gelatine
2 EL Wermut
50 ml Weißwein
225 g Sahne
300 g geräuchertes Fischfilet (z. B. Forelle, Saibling), ohne Haut
Saft von ½ Zitrone
Salz, Pfeffer
2 Eiweiß
100 g geschlagene Sahne
ca. 50 g gemischte Blattsalate
3 kleine Äpfel mit roter Schale
30 g Butter
1 EL Zucker
1 gekochte Rote-Rüben-Knolle
1 EL Honig
3 EL Rapsöl
1–2 EL Himbeeressig
1–2 EL frisch geriebener Kren (Meerrettich) zum Bestreuen

1. Gelatine 5 Minuten in kaltem Wasser einweichen. Wermut, Wein und Sahne aufkochen, vom Herd ziehen, Gelatine ausdrücken und darin auflösen. Abkühlen lassen.
2. 200 g Räucherfisch klein würfeln, dazugeben und die Masse im Mixer fein pürieren. Creme mit Zitronensaft, Salz und Pfeffer würzig abschmecken und auf Eis abkühlen lassen.
3. Eiweiße mit einer Prise Salz zu steifem Schnee schlagen, behutsam mit der geschlagenen Sahne unter die Creme heben. Mousse in eine Schüssel gießen, glatt streichen und für 3–4 Stunden in den Kühlschrank stellen.
4. In der Zwischenzeit Salat putzen, waschen und trocken schleudern. Äpfel waschen, abtrocknen, halbieren und das Kerngehäuse entfernen. Die Hälften in dünne Spalten schneiden.
5. Die Butter in einer Pfanne zerlassen und die Äpfel darin anbraten. Zucker darüberstreuen und die Apfelspalten vorsichtig wenden, damit sie ganz mit dem Karamell überzogen sind.
6. Rote Rübe schälen und fein würfeln. Mit Honig, Rapsöl und Essig vermischen. Salat mit Apfelspalten auf Teller verteilen. Rote Rüben mit der Vinaigrette darübergeben. Den restlichen Räucherfisch in Stücke zupfen und daraufsetzen. Mit einem in heißes Wasser getauchten Löffel Nocken aus der Mousse abstechen und diese auf dem Salat anrichten. Mit frisch geraspeltem Kren bestreuen und servieren.

Steirische Fischsuppe

FÜR 4 PERSONEN
ZUBEREITUNG: 45 Min.

8 kleine festkochende Erdäpfel (Kartoffeln)
Salz
600 g verschiedene Fischfilets (z. B. Zander, Saibling, Forelle, Waller, Lachsforelle) mit Haut
12 Flusskrebsschwänze
½ Stange Lauch
150 g Karotten
150 g Sellerie
1–2 Knoblauchzehen
15 g frischer Kren, geschält
2–3 EL Rapsöl
½ TL Safranfäden
100 ml Weißwein
¼ l Krebsfond
¼ l Fischfond
Cayennepfeffer
frisch gezupfter Dill zum Garnieren

1. Erdäpfel schälen, halbieren und in kochendem Salzwasser in ca. 20 Minuten weich garen. Inzwischen die Fischfilets abbrausen, trocken tupfen und in mundgerechte Stücke schneiden. Krebsschwänze aus der Schale lösen, den Darm entfernen. Das Krebsfleisch kalt abbrausen.
2. Lauch halbieren, waschen und in ca. 1 cm große Stücke schneiden. Karotten und Sellerie schälen, zuerst in dünne Scheiben und diese dann ebenfalls in ca. 1 cm große Stücke schneiden. Knoblauch schälen und fein hacken, Kren fein reiben.
3. Das Rapsöl in einem breiten, flachen Topf erhitzen. Gemüsescheibchen, Knoblauch und Kren darin 2–3 Minuten andünsten. Mit Safran bestreuen und mit Weißwein ablöschen. Krebs- und Fischfond dazugießen. Fischstücke und gekochte Erdäpfel zum Gemüse in den leicht kochenden Sud legen und darin zugedeckt etwa 8 Minuten garen. Dann die Flusskrebsschwänze zufügen und weitere 2 Minuten garen.
4. Suppe mit Salz und Cayennepfeffer abschmecken. Gemüse, Fische und Krebse in tiefe Teller verteilen, Suppe darüberschöpfen und mit Dill bestreut servieren.

Mein Tipp:

Krebsfond findet man nur selten in Supermärkten, er schmeckt selbst gemacht auch viel besser. Hier ein ganz einfaches Rezept für etwa 1 l Fond – nicht sofort benötigten Fond am besten portionsweise einfrieren: 500 g gewaschene Krebsschalen etwas zerkleinern und mit 250 g gewürfeltem Wurzelgemüse (Karotten, Sellerie, Zwiebeln) und 2 zerdrückten Knoblauchzehen in 2 EL heißem Öl etwa 10 Minuten unter gelegentlichem Umrühren rösten. 2 EL Tomatenmark unterrühren und 1 Minute mitrösten. Mit 50 ml Weinbrand ablöschen. 4 gewürfelte Fleischtomaten zufügen und mit ¼ l Weißwein und 1 l kaltem Wasser auffüllen. 2 Lorbeerblätter, 2–3 Nelken und 1 EL zerstoßenen Pfeffer zugeben. 1 ½ Stunden bei schwacher Hitze kochen lassen. Mit Salz und Limettensaft abschmecken und durch ein feines Sieb passieren.

Hechtnockerl
mit Bärlauchschaum

FÜR 4 PERSONEN
ZUBEREITUNG: 1 Std.

300 g Hechtfleisch, ohne Haut und Gräten (ersatzweise Zanderfilet)
2 Schalotten
2 EL Rapsöl
150 ml Weißwein
½ l Fischfond
200 g Sahne
Salz, Pfeffer
Saft von ½ Zitrone
1 Eiweiß
150 g eisgekühlte Sahne
geriebene Muskatnuss
50 g frischer Bärlauch
75 g Butter
12 Kirschtomaten
ca. 2 EL Zucker
2 EL geschlagene Sahne
Bärlauchblätter zum Garnieren

1. Hechtfleisch für ca. 30 Minuten in das Gefrierfach geben. In der Zwischenzeit Schalotten schälen, fein würfeln und in einem Topf im heißen Rapsöl anschwitzen. Mit Wein ablöschen, Fond und Sahne dazugießen und um ein Drittel einkochen lassen. Suppe mit Salz, Pfeffer und etwas Zitronensaft abschmecken.
2. Das angefrorene Hechtfleisch fein würfeln und in einer Küchenmaschine zusammen mit dem Eiweiß kurz mixen. Nach und nach die eiskalte Sahne zugießen und weiter mixen, bis eine glatte Farce entstanden ist. Mit Salz, Pfeffer und geriebener Muskatnuss würzen und durch ein feines Sieb streichen.
3. In einem großen Topf reichlich Salzwasser zum Kochen bringen. Mit zwei Esslöffeln, die in heißes Wasser getaucht werden, aus der Hechtfarce Nockerl abstechen. Die Nockerl im siedenden Wasser ca. 10 Minuten garen. Das Wasser darf dabei nicht kochen.
4. Bärlauchblätter abbrausen, trocken schütteln und fein hacken. Backofengrill vorheizen. 1 EL Butter zerlassen. Kirschtomaten waschen und abtrocknen. Großzügig mit flüssiger Butter beträufeln, im Zucker wälzen, auf ein Backblech legen und in etwa 4–5 Minuten unter dem Grill karamellisieren.
5. Den gehackten Bärlauch mit der heißen Suppe in einem Mixer fein pürieren. Geschlagene Sahne und restliche Butter dazugeben, alles schaumig aufmixen und in tiefe Teller verteilen. Karamelltomaten und Hechtnockerl in die Suppe setzen und nach Belieben mit etwas frischem Bärlauch garniert servieren.

Saibling mit Krenkruste

auf Brunnenkressepüree

FÜR 4 PERSONEN
ZUBEREITUNG: 1 Std.
+ 2 Std. Kühlen

4 Scheiben Toastbrot
150 g weiche Butter
2–3 EL Kren (Meerrettich) aus dem Glas
Salz, Pfeffer
400 g mehlig kochende Erdäpfel (Kartoffeln)
1 Bund Brunnenkresse
1 Bund glatte Petersilie
150 ml Milch
geriebene Muskatnuss
4 Saiblingsfilets, à 150 g, ohne Haut
Saft von 1 Zitrone
2 EL Rapsöl

1. Toastbrot würfeln und in einem Mixer fein mahlen. 80 g Butter schaumig schlagen. Kren und geriebenes Toastbrot unterrühren. Die Masse mit Salz und Pfeffer würzen. Zwischen zwei Blätter Klarsichtfolie geben und ca. 3–4 mm dünn ausrollen. Für 2 Stunden in den Kühlschrank stellen.
2. In einem großen Topf Salzwasser zum Kochen bringen. Erdäpfel schälen, klein schneiden und im Salzwasser in ca. 30 Minuten weich kochen. In der Zwischenzeit die restliche Butter zerlassen und etwas abkühlen lassen. Brunnenkresse und Petersilie abbrausen, trocken schütteln und die Blätter abzupfen. ¼ der Kresseblätter beiseitestellen, restliche Kresse- und Petersilienblätter mit der flüssigen Butter in einem Mixer fein pürieren. Erdäpfel noch heiß durch eine Presse drücken. Milch aufkochen, dazugießen und unterrühren. Das Püree mit Salz und geriebener Muskatnuss abschmecken. Kräuterpüree unterrühren.
3. Den Backofengrill vorheizen. Saiblingfilets mit Salz und etwas Zitronensaft würzen. Die Filets auf ein mit Backpapier belegtes Blech legen. Fest gewordene Krenkruste in der Größe der Filets zuschneiden und die Folie entfernen. Die Kruste auf die Fische legen und unter dem vorgeheizten Grill etwa 5–6 Minuten gratinieren, bis die Kruste eine goldgelbe Farbe hat.
4. Die Saiblinge mit Kruste auf dem Kressepüree anrichten. Beiseitegestellte Kresse mit etwas Rapsöl und Zitronensaft marinieren, mit Salz und Pfeffer würzen und um Fisch und Püree verteilen.

Lachsforelle und Waller

im knusprigen Teigmantel auf Kohlrabigemüse

FÜR 4 PERSONEN
ZUBEREITUNG: 45 Min.
+ 15–20 Min. Backen

500 g Kohlrabi
Salz
2 Schalotten
100 g Butter
2 TL Mehl
50 ml Weißwein
200 ml Fischfond
150 g Sahne
Pfeffer
1 Lachsforellenfilet, ohne Haut (ca. 400 g)
1 Wallerfilet, ohne Haut (ca. 400 g)
Saft von ½ Zitrone
2 Strudelteigblätter (Fertigprodukt aus dem Kühlregal)
ca. 20 g grob gehackte Kürbiskerne
ca. 4 EL Kürbiskernöl

1. Kohlrabi schälen, vierteln und in dünne Scheiben schneiden. In einem Topf Salzwasser zum Kochen bringen und die Kohlrabischeiben darin etwa 6 Minuten garen. In ein Sieb abgießen.
2. Schalotten schälen und fein würfeln. Die Hälfte der Butter erhitzen und die Schalotten darin anschwitzen. Kohlrabi dazugeben und kurz mitdünsten. Mit Mehl bestreuen, mit Weißwein ablöschen und mit Fischfond und Sahne aufgießen. Etwas einkochen lassen und das Ragout kräftig mit Salz und Pfeffer würzen. Gemüse warm halten.
3. Den Backofen auf 200 °C vorheizen. Restliche Butter zerlassen. Fischfilets waschen, trocken tupfen und mit Pfeffer, Salz und Zitronensaft würzen. Filets aufeinanderlegen. Ein Strudelteigblatt gleichmäßig mit etwas flüssiger Butter bestreichen und mit dem zweiten Teigblatt belegen. Fischfilets daraufsetzen, Teig links und rechts einschlagen und aufrollen. Strudel auf ein mit Backpapier belegtes Backblech setzen, mit restlicher Butter bestreichen und mit Kürbiskernen bestreuen. Strudel im heißen Ofen in ca. 15–20 Minuten goldbraun und knusprig backen.
4. Strudel aus dem Ofen nehmen, mit einem Elektromesser oder einem scharfen Sägemesser in 4 Stücke schneiden. Kohlrabigemüse auf Teller verteilen und mit Kürbiskernöl beträufeln. Je ein Stück Strudel darauf anrichten.

Wallergröstl

mit konfierten Zitronen und Kapern

FÜR 4 PERSONEN
ZUBEREITUNG: 1 Std. + 1 Std. Konfieren

2 Bio-Zitronen
50 g Zucker
2 Knoblauchzehen
1 Zweig Rosmarin
4 EL Olivenöl
500 g festkochende Erdäpfel (Kartoffeln)
Salz
600 g Wallerfilet, mit Haut
Pfeffer
Mehl zum Bestäuben
2 EL Rapsöl
ca. 12 große Kapernäpfel
2–3 EL alter Apfel-Balsamessig
50 g kalte Butter
Butter zum Braten

1. Zitronen heiß waschen und in kleine Würfel scheiden. Kerne entfernen. Zitronenwürfel mit Zucker und 100 ml Wasser in einem Topf aufkochen, dann bei schwacher Hitze etwa 1 Stunde zugedeckt leise kochen lassen.
2. In der Zwischenzeit 1 Knoblauchzehe schälen. Rosmarinnadeln abstreifen und mit dem Knoblauch fein hacken. Alles mit 3 EL Olivenöl und den konfierten Zitronenwürfelchen verrühren und abschmecken.
3. Erdäpfel mit der Schale weich kochen, abgießen und etwas ausdampfen lassen, danach schälen und in 5 mm dicke Scheiben schneiden. Die Erdäpfelscheiben in einer schweren Pfanne mit 1 EL Olivenöl und etwas Butter knusprig braten, salzen und aus der Pfanne nehmen.
4. Die zweite Knoblauchzehe schälen und in dünne Scheiben schneiden. Das Wallerfilet in 4 cm dicke Streifen schneiden, mit wenig Salz und Pfeffer würzen und auf der Hautseite etwas mit Mehl bestäuben. Rapsöl in einer Pfanne erhitzen und die Wallerstücke darin mit der Hautseite nach unten ca. 6 Minuten braten.
5. Gebratene Erdäpfel, Zitronenmischung und Kapernäpfel zufügen und mit Essig ablöschen. Mit Salz und Pfeffer abschmecken, die kalte Butter unterschwenken und das Gröstl servieren.

Gebratener Zander
auf Paprikakraut mit Rieslingschaum

FÜR 4 PERSONEN
ZUBEREITUNG: 45 Min.

FÜR DAS KRAUT:
3 rote Paprikaschoten
400 ml Gemüsebrühe
1 Zwiebel
2 EL Schmalz
2 EL Zucker
400 g Sauerkraut
1 EL Paprikapulver, edelsüß
1 TL Paprikapulver, rosenscharf
1 kleiner Erdapfel (Kartoffel)
50 g Butter

FÜR FISCH UND SAUCE:
2 Schalotten
2 EL Rapsöl
150 ml steirischer Riesling
300 ml Fischfond
150 g Sahne
Salz, Pfeffer
600 g Zanderfilet, mit Haut
Mehl zum Bestäuben
2 Zweige Thymian
1 Zweige Rosmarin
2 Knoblauchzehen
50 g Butter
2 EL geschlagene Sahne

1. Paprikaschoten halbieren, von den Kernen befreien und in grobe Stücke schneiden. Diese zusammen mit der Brühe in einen Mixer geben und sehr fein pürieren. Den Saft durch ein Tuch in einen Topf pressen. Zwiebel schälen, in dünne Streifen schneiden und in heißem Schmalz anschwitzen. Mit Zucker bestreuen und die Zwiebeln etwas karamellisieren. Das Sauerkraut zufügen und mit anschwitzen. Paprikapulver untermischen, Paprikasaft dazugießen. Den Erdapfel schälen, fein reiben und unterrühren. Das Kraut unter gelegentlichem Umrühren bei mittlerer Hitze etwa 20 Minuten leise kochen lassen.
2. In der Zwischenzeit die Schalotten schälen, würfeln und in 1 EL Öl anschwitzen. Mit Riesling ablöschen, Fischfond und Sahne zugießen und alles offen um die Hälfte einkochen lassen. Sauce mit Salz und Pfeffer würzen.
3. Zanderfilet abbrausen, trocken tupfen und in 4 Stücke teilen. Mit Salz und Pfeffer würzen, die Hautseite mit etwas Mehl bestäuben. Den Fisch im restlichen Öl zusammen mit den Kräutern und dem angedrückten Knoblauch in einer beschichteten Pfanne auf der Hautseite etwa 5 Minuten braten. Den Fisch wenden und noch 1 Minute weiter braten.
4. Butter unter das Kraut rühren, mit Salz und Pfeffer abschmecken und mit dem gebratenen Zander anrichten. Butter und geschlagene Sahne zur Rieslingsauce geben, mit dem Pürierstab schaumig mixen und um das Kraut verteilen.

Flusskrebse

mit Erbsentascherl

FÜR 4 PERSONEN
ZUBEREITUNG: 1½ Std.

200 g Mehl
4–5 Eigelb
2 EL Olivenöl
Salz
350 g frische Erbsen, ausgelöst
2–3 Schalotten
50 g Butter
geriebene Muskatnuss
Zucker
4 Minzeblätter
1 Ei
100 g Zuckerschoten
16–24 Flusskrebse
400 ml Krebsfond (siehe Seite 55)
100 g kalte Butter

1. Mehl mit Eigelben, Öl und etwas Salz zu einem glatten, geschmeidigen Nudelteig kneten. In Folie wickeln und für 1 Stunde in den Kühlschrank stellen.
2. In der Zwischenzeit 250 g Erbsen in sprudelnd kochendem Salzwasser blanchieren, anschließend in Eiswasser abschrecken. Schalotten schälen, fein würfeln und in zerlassener Butter anbraten, bis die Butter eine nussbraune Farbe hat. Vom Herd nehmen. Gekochte Erbsen in ein Tuch geben und darin auspressen, damit die Masse später nicht zu feucht wird. Die ausgedrückten Erbsen zusammen mit den Schalotten und der gebräunten Butter im Mixer fein pürieren. Mit Salz, geriebener Muskatnuss und Zucker abschmecken. Das Erbsenpüree durch ein feines Sieb streichen. Die Minzeblätter fein hacken und untermischen.
3. Nudelteig dünn ausrollen. Das Ei verquirlen. Mit einem runden Ausstecher Kreise mit einem Durchmesser von 6–8 cm ausstechen. Je 1 TL Erbsenpüree daraufsetzen, den Rand mit etwas verquirltem Ei bepinseln und zu einem Halbkreis zusammenklappen. (Werden die Tascherl nicht jetzt sofort zubereitet, kann man sie auf einem Blech liegend einfrieren.)
4. Restliche Erbsen und Zuckerschoten 4–5 Minuten in sprudelnd kochendem Salzwasser bissfest garen. Mit kaltem Wasser abschrecken.
5. Flusskrebse in kochendes Wasser geben. Ca. 3 Minuten darin garen und in Eiswasser abschrecken. Schwänze ausbrechen und den Darm entfernen. Den Krebsfond auf die Hälfte einkochen lassen und die Hälfte der kalten Butter mit einem Mixstab untermixen. Krebse hineingeben und nochmals erwärmen.
6. Die restliche Butter zerlassen. Für die Erbsentascherl reichlich Salzwasser zum Kochen bringen und die Tascherl darin ca. 4 Minuten garen. In einem Sieb abtropfen lassen und zusammen mit Erbsen und Zuckerschoten in der zerlassenen Butter schwenken. Die Mischung in tiefe Teller verteilen, Flusskrebse darauf anrichten und mit Sauce beträufelt servieren.

Sommerweide mit Aussicht –

vom steirischen Almenland

Vom Glück auf der Alm

Wenn ich auf der Alm bin, geht mir das Herz auf! Dieses intensive Spüren der Natur, wenn man dem Gras, den Blumen und den Tieren ganz nah ist – das erinnert mich an die früheste Kindheit: völlig befreit von aller Hektik und vom Alltag. Da könnte ich länger bleiben.

AUF DEN SANFT GESCHWUNGENEN HÜGELN mit dem Blick in die Weite der Steiermark scheint es den tierischen Almbewohnern ähnlich zu gehen – wer sich einmal die Schafherden oder die Rinder anschaut, die den Sommer über auf den steirischen Almen grasen, der erfährt hautnah, was ein glückliches Tierleben ist.
Das steirische Almenland ist das größte zusammenhängende bewirtschaftete Almgebiet Mitteleuropas. Schon seit mehreren hundert Jahren wird die Almwirtschaft in diesem Teil der Steiermark betrieben. Für die Menschen, die hoch über dem Tal ihre Höfe bewirtschaften, ist das auch heute noch harte Arbeit. Aber ich kenne meine steirischen Landsleute: Sie sind mit ihrer Heimat tief verbunden, mit ihrem Hof und ihren Tieren. Anderswo verlassen die Jungen die abgelegenen Höfe – hier bleiben sie, pflegen die uralte Kulturlandschaft und produzieren Lebensmittel von höchster Qualität.

Neugierig wie Menschenkinder: junge Lämmer.

Das Weizer Berglamm

Mehr als zweihundertfünfzig Schafe hält die Familie Neuhold in Gössental oberhalb von Weiz auf ihrem Hof mitten im steirischen Almenland. Liebevoll geziert mit Schnitzereien und bunten Farben ist das alte Bauernhaus, beschattet von einem riesigen alten Nussbaum. Aus dem Kräutergarten blüht und duftet es würzig, und nur ein ganz zartes Mäh dringt aus dem Stall. Darin erholen sich gerade zwei neugeborene Lämmer mit ihren Müttern von den Anstrengungen der Geburt. Von den anderen Schafen ist zunächst nichts zu sehen – sie genießen ihre Freiheit und sind über die Wiesenkuppen am Berghang hinter dem Haus verschwunden. Riesig ist die Almfläche, auf der sie sich hier verteilen können. Wie alle Bauern der Genossenschaft Weizer Berglamm verzichten auch die Neuholds auf Dünger, und das

In engem Kontakt leben Mensch und Tier auf den steirischen Almen.

sieht man: Kräuter, bunte Bergblumen und Gräser zieren die Wiesen, die später im Jahr als Weideflächen vorgesehen sind. Sobald die Schafe eine Wiesenkuppe abgefressen haben, werden sie auf die nächste Weide gebracht. Dort zupfen sie dann Blumen und Kräutlein ab und fast meint man zu sehen, wie es ihnen schmeckt. Kein Wunder, dass das Fleisch dieser Tiere und die Milch, die sie geben, allerhöchste Qualität haben. Ein Geschmack, den man nur durch diese natürliche Tierhaltung erreichen kann und durch den liebevollen Umgang von Mensch und Tier.

Wenn Karina Neuhold uns ihre Schafe zeigen will, greift sie zu einem Eimer mit Leckerli: Kummkummkumm, lockt sie ihre Lieblinge und schon schauen die ersten, die „Leittiere und die Kuschler", wie sie sie nennt, neugierig über die Hügelkuppe. Ein erneutes Schütteln mit dem Leckerlieimer, und die ganze Herde aus schwarzen und weißen Schafen, dicken Mutterschafen und blökenden Lämmern auf unsicheren Stelzenbeinchen galoppiert zur Bäuerin. Diese kennt ihre Schützlinge, redet beruhigend auf sie ein und krault sie zwischen den Ohren.

Ich bin überzeugt davon, dass es neben der natürlichen, artgerechten Haltung auch die Zuneigung der Menschen zu den Tieren ist, die diese so zufrieden macht. Und das schmeckt man auch am Fleisch – besseres Lammfleisch gibt es nicht. Denn Fleischessen ist in Ordnung – man sollte jedoch Sorge tragen, dass die Tiere ein glückliches Leben gehabt haben. Schlachtung und Verarbeitung erfolgen im Tal unweit der Weizer Bauernhöfe, die Vermarktung übernimmt die Genossenschaft.

Die Weizer Schafbauern sind typisch für die Steiermark, wie ich sie seit der Kindheit liebe:

Glücklich und entspannt – und gar nicht als schwarzes Schaf – fühle ich mich inmitten der friedlichen Tiere.

Eine große Herde von prächtigen Almochsen grast oberhalb von Passail.

Früh übt sich …: Die Nachwuchsbauern der Familie Schrenk. Von klein auf lernen die Bauernkinder den Umgang mit Tieren und Pflanzen, aber auch mit Maschinen und Werkzeug auf dem Hof.

Die Steirer legen großen Wert auf gutes Essen und Trinken, man achtet auf die Qualität der Produkte und darauf, dass sie aus der Region kommen, am besten von jemandem, den man kennt, und am allerliebsten vom eigenen Hof und Garten.

Hier geht es noch gemütlich zu – die Natur bestimmt das Leben.

Almochsen hoch über Passail

Auf die Tradition besinnen – genau das haben sich auch die Almbauern vorgenommen, die ihre Höfe im ausgedehnten Almengebiet von Teichalm und Sommeralm haben. Sie wollten wieder richtig gutes Rindfleisch produzieren, das klassisch vom Ochsen stammt, der die gesamte warme Jahreszeit auf der Alm verbracht hat. Almo – vom Almochsen – heißt ihre Kooperative, die heute vierhundert Bauern mit einigen tausend Tieren umfasst. Sie alle bewirtschaften ihre Höfe nachhaltig und mit Rücksicht auf die Umwelt. Einer der Gründer der Almo-Genossenschaft ist Altbauer Josef Schrenk, der erzählt, dass ihm damals „die Tiere leid getan haben. Unsere schönsten Ochsen sind seinerzeit auf den Viehmärkten von fremden Aufkäufern erworben und zum Schlachten ins Ausland transportiert worden." Inzwischen wird das Fleisch von den steirischen Almo-Almochsen hofnah von den drei Fleischhauereien der Genossenschaft verarbeitet und vor Ort vermarktet. Es hat eine feine Faserung und eine kräftige Fleischfarbe. Leicht marmoriert, schmeckt es würziger und aromatischer als das Fleisch von Rindern, die im Schnelldurchgang gemästet werden. Rund 26 Monate lebt ein Almo-Ochse bis zur Schlachtreife – doppelt so lange wie in der üblichen Rinderzucht. Die Qualität des Almo-Fleischs ist inzwischen sehr begehrt auch über die Grenzen Österreichs hinaus.

Inzwischen wird Josef Schrenks Hof von Sohn Robert und dessen Frau Petra mit Begeisterung weitergeführt. Etwa 40 Almochsen grasen im Mai auf der Heimweide in der Nähe des Bauernhofs. Bald dürfen sie auf die Hochweide oberhalb Passail umziehen – mit einem schier unbegrenzten Panorama über die grüne steirische Hügellandschaft. Wie den Weizer Bergschafen sieht man den Almochsen hier oben an, dass es ihnen gut geht. Sie grasen von Mai bis Oktober im Freien, auf Weiden, die selbstverständlich nicht gedüngt werden. Im Winter werden sie gentechnikfrei gefüttert, ohne Soja, mit Mais nur aus österreichischem Anbau und Heu vom eigenen Hof, und über all das führt der Bauer bei jedem Tier genau Buch. Robert Schrenk kennt seine Almochsen einzeln und mit Namen. Die Mutterkühe bleiben auf dem Hof und fressen das nachgewachsene Gras der Heimweide, wenn die Ochsen auf der Alm sind. Zu steil sind die Wiesen, als dass man sie mit Maschinen mähen könnte. Und so betreiben die Steirer mit ihrem Almvieh heute wieder traditionelle Landschaftspflege wie seit Hunderten von Jahren. Aber heute wissen wir das mehr zu schätzen – Kühe und Ochsen machen keinen Lärm beim Mähen. Nur die Glocken der Leittiere klingen tief und melodiös über die grünen Hügel.

Dreierlei von der Almbutter

FÜR JEWEILS 250 g BUTTER
ZUBEREITUNG: jeweils 20 Min.

Kürbiskernbutter

50 g Kürbiskerne
200 g weiche Butter
2 EL Kürbiskernöl
Salz

1. Kürbiskerne in einer Pfanne ohne Fett rösten. Geröstete Kerne erkalten lassen und möglichst fein hacken.
2. Weiche Butter mit Kürbiskernöl und fein gehackten Kürbiskernen verrühren und mit Salz abschmecken.

Steirische Krenbutter

Ca. 50 g frischer Kren (Meerrettich)
Saft und abgeriebene Schale von ½ Bio-Zitrone
150 g weiche Butter
50 g saure Sahne
Salz, Pfeffer

1. Kren fein reiben und mit Zitronenschale und Butter glatt rühren.
2. Nach und nach saure Sahne unterrühren. Butter mit Salz, Pfeffer und etwas Zitronensaft abschmecken.

Kräuterbutter

100 g gemischte Kräuter (z. B. Brunnenkresse, Bergthymian, Schnittlauch, Petersilie, Estragon)
50 g saure Sahne
Saft von ½ Zitrone
150 g weiche Butter
Salz, Cayennepfeffer

1. Kräuter abbrausen und trocken schütteln. Blätter von den Stielen zupfen und mit saurer Sahne und Zitronensaft im Mixer fein pürieren.
2. Kräuterpüree nach und nach unter die Butter rühren. Mit Salz und Cayennepfeffer abschmecken.

Schmalz-Crostini
mit Almochsentatar

FÜR 4 PERSONEN
ZUBEREITUNG: 40 Min.

300 g Almochsenfilet
1 Prise Zucker
Salz
½ TL Paprikapulver edelsüß
2 Schalotten
2 Sardellenfilets
1 EL Kapern Nonpareilles (kleinste und feinste Sorte)
4 Cornichons
2 Stängel glatte Petersilie
1 TL Dijon-Senf
1 Eigelb
Pfeffer
½ Baguettebrot
80 g Butterschmalz
8 frische Wachteleier
Schnittlauchröllchen und evtl. Schnittlauchblüten zum Garnieren

1. Ochsenfilet in kleine Würfel schneiden, mit Zucker, ½ TL Salz und Paprikapulver verrühren. 30 Minuten kühl stellen und durchziehen lassen.
2. In der Zwischenzeit die Schalotten schälen und fein würfeln. Sardellenfilets, Kapern und Cornichons fein hacken. Die Petersilie waschen, trocken schütteln und fein hacken.
3. Das gewürfelte Filet mit einem scharfen, stabilen Küchenmesser fein hacken und mit Senf, Eigelb, Schalotten, Kapern, Sardellen, Cornichons und Petersilie mischen. Kräftig mit Pfeffer würzen.
4. Brot in dünne Scheiben schneiden. 80 g Schmalz in einer Pfanne erhitzen und die Brotscheiben darin von beiden Seiten goldbraun und knusprig ausbacken. Auf Küchenpapier abtropfen lassen.
5. Wachteleier vorsichtig mit einer Messerspitze aufritzen und in einer beschichteten Pfanne bei schwacher Hitze zu kleinen Spiegeleiern braten.
6. Auf jede gebackene Brotscheibe zuerst etwas Tatar verteilen, darauf dann jeweils ein Wachtelspiegelei. Spiegeleier mit Salz und Pfeffer würzen und mit Schnittlauch und eventuell Schnittlauchblüten bestreut servieren.

Steirer Almkäsesuppe

mit Petersilien-Kresse-Pesto

FÜR 4 PERSONEN
ZUBEREITUNG: 40 Min.

2–3 Schalotten
1 Knoblauchzehe
50 g Butter, 1 EL Mehl
150 ml trockener Weißwein
600 ml kräftige Gemüse- oder Geflügelbrühe
300 g Sahne
1 Bund glatte Petersilie
50 g Brunnenkresse
Saft von 1 Limette
100 ml Rapsöl
2–3 EL geröstete Pinienkerne
Salz
3 Scheiben Toastbrot
30 g Butterschmalz
200 g Steirer Almkäse
Pfeffer, geriebene Muskatnuss
Brunnenkresse zum Garnieren

1. Schalotten und Knoblauch schälen und fein würfeln. Butter in einem Topf zerlassen, gewürfelte Schalotten und Knoblauch darin etwa 1 Minute anschwitzen, sie sollen aber nicht bräunen. Mehl darüberstäuben und kurz mit anschwitzen. Mit Wein ablöschen und etwas einkochen lassen. Brühe und Sahne dazugießen. Suppe bei mittlerer Hitze offen um etwa ein Drittel einkochen lassen.
2. In der Zwischenzeit für das Pesto Petersilie und Brunnenkresse abbrausen und trocken schütteln. Petersilienblätter abzupfen und mit Brunnenkresse, Limettensaft, Öl, gerösteten Kernen und etwas Salz im Mixer fein pürieren. Toastbrotscheiben in Würfel schneiden. In einer Pfanne das Butterschmalz erhitzen und die Brotwürfel darin rundherum goldbraun rösten. Croûtons auf Küchenpapier abtropfen lassen.
3. Käse reiben und nach und nach unter die eingekochte Suppe mixen. Mit Salz, Pfeffer und etwas frisch geriebener Muskatnuss abschmecken und in tiefe Teller verteilen. Etwas Pesto auf die Suppe träufeln und mit Croûtons und etwas Kresse bestreut servieren.

„Eine solche Käsesuppe lässt sich immer schnell aus dem Vorrat zubereiten, und für die Croûtons können Sie natürlich auch übriges Weißbrot oder Schwarzbrot verwenden – das gibt der Suppe noch einmal eine ganz eigene Note.“

Steirer Kaspressknödel

FÜR 4 PERSONEN
ZUBEREITUNG: 40 Min.

250 g altbackene Semmeln (Brötchen) oder Weißbrot
300 ml Milch
150 g Steirer Almkäse (oder anderer Bergkäse)
1 Bund gemischte Kräuter (z. B. Estragon, Schnittlauch, Petersilie, Kerbel)
1 Zwiebel
50 g Speck
30 g Butter
1 Ei
Salz, Pfeffer
geriebene Muskatnuss
50 g Butterschmalz

1. Semmeln oder Weißbrot in kleine Würfel schneiden. Die Milch erhitzen und über die Brotwürfel gießen, umrühren und 30 Minuten zugedeckt ziehen lassen.
2. In der Zwischenzeit den Käse fein würfeln. Kräuter abbrausen, trocken schütteln und fein hacken. Zwiebel schälen, vom Speck die Schwarte entfernen. Beides klein würfeln.
3. Die Butter in einer Pfanne erhitzen und Zwiebeln und Speck darin andünsten. Zum eingeweichten Brot geben. Ei, gehackte Kräuter, gewürfelten Käse, Salz, Pfeffer und geriebene Muskatnuss zugeben. Alles gut vermengen.
4. Aus der Masse, am besten mit angefeuchteten Händen, etwa 8 kleine Knödel formen. Butterschmalz in einer Pfanne erhitzen, die Knödel etwas flach drücken und im heißen Schmalz in ca. 10 Minuten auf beiden Seiten goldbraun braten.

„Zu den Kaspressknödeln isst man grünen Häupterlsalat oder Paradeisersalat. Als Kind habe ich sie als kräftige Suppeneinlage geliebt."

Rosa gegartes Ochsenfilet

mit warmem Wurzelgemüsesalat und Kräutersauce

FÜR 4 PERSONEN
ZUBEREITUNG: 40 Min.
+ 40 Min. Garen

4 junge Karotten
3 Petersilienwurzeln
4 Stangen Staudensellerie
1 Stange Lauch
ca. 300 ml Fleisch-, Gemüse- oder Geflügelbrühe
8–10 Radieschen
700 g Almochsenfilet, aus der Mitte
30 g Butterschmalz
2 Schalotten
5 EL mildes Olivenöl
75 ml Weißwein
1 EL Honig
abgeriebene Schale von ½ Bio-Zitrone
Meersalz
Pfeffer
1 TL Speisestärke
Je 2–3 Zweige Petersilie, Kerbel und Estragon
frischer Kren (Meerrettich) zum Bestreuen

1. Karotten und Petersilienwurzeln schälen, vom Sellerie die Fäden abziehen, den Lauch waschen. Gemüse der Länge nach halbieren und in lange, dünne Scheiben schneiden. Brühe zum Kochen bringen und das Gemüse darin ca. 6 Minuten bissfest garen. Mit einem Schaumlöffel herausheben und beiseitestellen. Radieschen waschen, putzen, vierteln und mit dem gegarten Gemüse mischen.
2. Den Backofen auf 140 °C vorheizen. Fleisch abbrausen und trocken tupfen. Butterschmalz in einer Pfanne erhitzen und das Fleisch darin rundherum anbraten. Herausnehmen, auf ein Backblech setzen und im heißen Backofen in ca. 40 Minuten rosa garen. Dabei das Filet gelegentlich umdrehen.
3. In der Zwischenzeit für die Sauce die Schalotten schälen, fein würfeln und in der Pfanne, in der das Filet angebraten wurde, zusammen mit 1 EL Öl anschwitzen. Den Bratensatz mit Weißwein ablöschen. 150 ml von der Brühe, Honig und fein geriebene Zitronenschale zufügen. Sauce etwas einkochen lassen und mit Salz und Pfeffer abschmecken. Die Speisestärke in wenig Wasser anrühren, zur Sauce geben und aufkochen lassen. Pfanne vom Herd ziehen. Sauce durch ein Sieb in einen hohen Becher umfüllen. Kräuter waschen und trocken schütteln. Blättchen abzupfen, hacken und mit dem restlichen Öl zur Sauce geben. Mit einem Pürierstab untermixen.
4. Fleisch aus dem Ofen nehmen und etwas ruhen lassen. In dünne Scheiben schneiden, auf eine Platte legen und mit Salz und Pfeffer würzen. Wurzelgemüsesalat darauf verteilen. Kräutersauce darübergießen und mit frisch geriebenem Kren bestreut servieren.

Als Beilage passen dazu gekochte Salzerdäpfel oder Braterdäpfel.

Gamsrücken aus dem Heu

mit Birnen-Erdäpfel-Plätzchen und Rahmwirsing

FÜR 4 PERSONEN
ZUBEREITUNG: 1 Std.

FÜR DIE PLÄTZCHEN:
400 g mehlig kochende Erdäpfel (Kartoffeln)
Salz
3 mittelgroße Birnen
Saft von ½ Zitrone
2 Eier, 50 g Mehl
3 EL Kartoffelstärke
geriebene Muskatnuss
50 g Butterschmalz

FÜR DEN RAHMWIRSING:
½ Wirsing (ca. 400 g)
2 Schalotten
30 g Butterschmalz
50 ml weißer Portwein
100 ml Geflügelfond
150 g Sahne
Salz, Pfeffer, Muskatnuss

FÜR DEN GAMSRÜCKEN:
800 g Gamsrückenfilet
Salz, Pfeffer
1 EL Butterschmalz
2 Zweige Rosmarin
3–4 Wacholderbeeren
ca. 150 g Bergheu
80 ml Weißwein

AUSSERDEM:
Preiselbeerkompott

1. Erdäpfel schälen, halbieren und in kochendem Salzwasser weich garen. In der Zwischenzeit die Birnen schälen, halbieren, vom Kerngehäuse befreien und klein würfeln. Mit Zitronensaft beträufeln. Gekochte Erdäpfel abgießen und etwas ausdampfen lassen. Mit einem Stampfer zerdrücken. Eier, Birnenwürfel, Mehl und Stärke unter die Stampfkartoffeln mischen, Masse mit Salz und geriebener Muskatnuss abschmecken.
2. Wirsing putzen, waschen und die Blätter in Rauten schneiden. Schalotten schälen und fein würfeln. Wirsingrauten und Schalotten in heißem Butterschmalz anschwitzen. Mit Portwein ablöschen, Geflügelfond und Sahne angießen und bei mittlerer Hitze das Gemüse weich garen. Mit Salz, Pfeffer und geriebener Muskatnuss kräftig würzen. Warm halten.
3. Den Backofen auf 180 °C vorheizen. Das Gamsfleisch salzen und pfeffern. Butterschmalz in einer Pfanne erhitzen und das Fleisch darin zusammen mit Rosmarin und den angedrückten Wacholderbeeren rundherum scharf anbraten.
4. Zwei Drittel des Heus in einen Bräter geben. Das Gamsfleisch darauflegen, Wein angießen. Restliches Heu auf dem Gamsfleisch verteilen. Bräter verschließen und auf den Boden des heißen Backofens stellen. Das Fleisch ca. 15 Minuten garen.
5. In der Zwischenzeit aus der Birnen-Kartoffel-Masse kleine Plätzchen formen und in heißem Butterschmalz in 4–5 Minuten von beiden Seiten goldbraun backen.
6. Gamsrückenfilet aus dem Heu nehmen und etwas ruhen lassen. In Scheiben schneiden und mit Wirsinggemüse und Plätzchen auf Tellern anrichten. Mit Preiselbeeren servieren.

Gesottene Lammschulter

mit lauwarmem Bohnensalat und Polentasterz

FÜR 4–6 PERSONEN
ZUBEREITUNG: 45 Min.
+ 1½ Std. Garen

FÜR DIE LAMMSCHULTER:
2 Lammschultern (à ca. 900 g; mit Knochen)
Salz
1 Zwiebel, 2 kleine Karotten
100 g Sellerie
4 Knoblauchzehen
1 Kräutersträußchen aus Lorbeerblättern, Thymian und Petersilie

FÜR DEN BOHNENSALAT:
150 g breite Stangenbohnen
200 g Keniabohnen
Salz, Pfeffer
12 Kirschtomaten
1 rote Zwiebel
1 Knoblauchzehe
4 EL Olivenöl
2 EL weißer Balsamessig
2 Zweige Bohnenkraut
1 EL Honig

FÜR DIE POLENTA:
400 ml Geflügelbrühe
100 g Maisgrieß
1 EL weiche Butter
30 g frisch geriebener Parmesan
Salz
2 EL geschlagene Sahne

1. Lammschultern in leicht gesalzenem Wasser 30 Minuten bei mittlerer bis schwacher Hitze zugedeckt kochen. Zwiebel schälen, Karotten und Sellerie schälen. Das Gemüse würfeln und zusammen mit dem etwas angedrückten Knoblauch und dem Kräutersträußchen zum Fleisch geben und noch etwa 1 Stunde weiter kochen, bis das Fleisch weich ist. Mit einer Spießgabel in das Fleisch stechen: Lässt sie sich leicht einstechen und wieder herausziehen, ist das Fleisch gar.
2. In der Zwischenzeit für den Salat beide Bohnensorten putzen und waschen. In Stücke schneiden und in kochendem Salzwasser in ca. 6 Minuten bissfest kochen. Bohnen in eine Schüssel geben. Tomaten waschen, abtrocknen und halbieren. Unter die Bohnen mischen.
3. Zwiebel und Knoblauch schälen, fein würfeln und in 2 EL Olivenöl kurz andünsten. Mit Balsamessig ablöschen und zu den vorbereiteten Bohnen in die Schüssel geben. Bohnenkraut waschen, die Blättchen abzupfen und zusammen mit Honig und restlichem Olivenöl zu den Bohnen geben. Salat gut durchmischen und mit Salz und Pfeffer abschmecken. Einige Minuten durchziehen lassen.
4. Für die Polenta die Brühe aufkochen. Den Grieß unter Rühren in die kochende Brühe streuen. Die Temperatur reduzieren und den Grieß etwa 5 Minuten ausquellen lassen. Dabei ständig weiterrühren. Butter und Parmesan unterheben. Mit Salz abschmecken und die geschlagene Sahne unterziehen.
5. Von den Lammschultern die Knochen auslösen. Fleisch in Scheiben schneiden und mit der Polenta und dem Bohnensalat anrichten. Mit der Vinaigrette vom Bohnensalat beträufeln und servieren.

Gratiniertes Lammkarree

mit Schmorgemüse

FÜR 4 PERSONEN
ZUBEREITUNG: 1 Std. 10 Min.

2 Knoblauchzehen
6 Schalotten
4 kleine Karotten
3 Petersilienwurzeln
12 kleine Erdäpfel (Kartoffeln)
3 Stangen Staudensellerie
je 1 rote und gelbe Paprikaschote
4 EL Olivenöl
Salz, Pfeffer
200 ml Geflügelbrühe
je 1 Zweig Petersilie, Thymian, Rosmarin
1 Scheibe Weißbrot
2 Lammkarrees (à ca. 400 g)
30 g Butter

1. Den Backofen auf 180 °C vorheizen. Knoblauchzehen und Schalotten schälen und halbieren. Karotten, Petersilienwurzeln und Erdäpfel schälen und je nach Größe halbieren oder in größere Stücke schneiden. Staudensellerie waschen und abfädeln, die Paprikaschoten waschen und putzen. Beides in Stücke schneiden.
2. 2 EL Olivenöl in einem Schmortopf erhitzen. Alle vorbereiteten Gemüse darin 6–8 Minuten anschwitzen. Mit Salz und Pfeffer kräftig würzen. Die Brühe angießen und den Schmortopf für 30 Minuten in den Backofen schieben.
3. In der Zwischenzeit die Kräuter abbrausen, trocken schütteln und die Blättchen abzupfen. Das Brot würfeln und mit den Kräutern im Mixer fein zerkleinern.
4. Lammkarrees mit Salz und Pfeffer würzen und in einer Pfanne im restlichen Olivenöl anbraten. Fleisch auf das Schmorgemüse setzen und mit den Kräuterbröseln bedecken. Die Butter in kleinen Flöckchen darauf verteilen. Den Schmortopf nochmals für etwa 15 Minuten in den Ofen schieben.
5. Die Lammkarrees in Koteletts teilen und zusammen mit dem Schmorgemüse möglichst heiß servieren.

Mein Tipp:

Zum Lamm schmeckt auch Knoblauchbaguette vorzüglich. Es bringt den Eigengeschmack des Lammfleischs besonders gut zur Geltung.

Topfenschmarrn
mit Preiselbeeren

FÜR 4 PERSONEN
ZUBEREITUNG: 40 Min.

2 Eigelb
2 Eier
100 g Puderzucker
Mark von 1 Vanilleschote
abgeriebene Schale von 1 Bio-Zitrone
150 g Topfen (Quark; 20 % Fett)
2 EL Rum
90 g Mehl
4 Eiweiß
60 g Butter
Puderzucker zum Bestäuben
150 g Preiselbeerkompott

1. Eigelbe, Eier und 75 g Puderzucker kurz aufschlagen. Vanillemark und Zitronenschale zugeben. Weiterschlagen, bis die Masse schön schaumig ist. Topfen, Rum und Mehl unterrühren.
2. Den Backofen auf 200 °C vorheizen. Eiweiße zu steifem Schnee schlagen. Dabei den restlichen Puderzucker langsam einrieseln lassen. Eischnee unter die Topfenmasse heben.
3. In einer ofenfesten Pfanne die Hälfte der Butter zerlassen. Die Topfenmasse hineingeben und auf dem Herd bei mittlerer Hitze etwa 1 Minute backen. Die Pfanne auf den Boden des vorgeheizten Backofens schieben und den Schmarrn weitere 5 Minuten backen. Herausnehmen, den Topfenschmarrn wenden und noch einmal 5 Minuten backen.
4. Den fertigen Schmarrn mit zwei Gabeln in Stücke reißen und mit 1–2 EL Puderzucker bestäuben. Die restliche Butter zufügen und den Schmarrn auf dem Herd kurz karamellisieren lassen. Dabei die Stücke in der Pfanne schwenken.
5. Den Schmarrn mit Puderzucker bestäubt zusammen mit den Preiselbeeren servieren.

Die Masse ist ausreichend für eine große Pfanne oder zwei kleine Pfannen mit einem Durchmesser von 25 cm.

Auszogne

FÜR 4 PERSONEN
ZUBEREITUNG: 45 Min.
+ 45 Min. Gehen

50 g weiche Butter
2 Eier
50 g Zucker
2 TL Salz
¼ l Milch
25 g Germ (Hefe; ½ Würfel)
500 g Mehl
500 g Schmalz zum Frittieren
Mehl für die Arbeitsfläche
Puderzucker zum Bestäuben

1. Butter zerlassen und mit Eiern, Zucker und Salz verquirlen. Die Milch leicht erwärmen.
2. Den Germ in die lauwarme Milch bröseln und glatt rühren, bis er sich aufgelöst hat. Die Milch zusammen mit der Buttermischung zum Mehl geben und zu einem glatten, geschmeidigen Teig verkneten.
3. Aus dem Teig etwa 20–25 golfballgroße Stücke abstechen. Diese zu Kugeln drehen und nebeneinander auf ein bemehltes Tuch oder einen Bogen Backpapier legen. Mit einem Tuch abgedeckt an einem warmen Ort in etwa 45 Minuten zu doppelter Größe aufgehen lassen.
4. Teigkugeln auf einer bemehlten Arbeitsfläche zuerst mit der Hand flachdrücken, dann mit den Fingern zu flachen Küchlein ausziehen. Es sollte am Rand ein dicker Wulst und in der Mitte ein dünnes Teigfenster entstehen.
5. Das Schmalz in einem hohen, weiten Topf erhitzen. Die Temperatur ist richtig, wenn an einem hineingehaltenen Kochlöffelstiel Bläschen aufsteigen. Die Küchlein portionsweise im heißen Fett schwimmend goldbraun ausbacken. Dabei sollten sie aber in der Mitte noch weiß bleiben. Auf Küchenpapier abtropfen lassen und mit Puderzucker bestäubt servieren.

„Auszogne nennen wir diese schmalzgebackenen Küchlein, weil der Hefeteig mit den Händen ausgezogen wird, bis in der Mitte nur noch ein dünnes Fenster bleibt.“

Kürbisse und Streuobstwiesen –

Erntezeit im grünen Herzen Österreichs

STEYR

Apfelbaum und Kürbiskern

Ein Apfel, der in Österreich gewachsen ist, stammt höchstwahrscheinlich aus der Steiermark. In ihren idyllischen Obstgärten reifen acht von zehn in rot-weiß-roten Landen geernteten Äpfeln und ebensoviele Ölkürbisse.

SCHON IM FRÜHLING lassen die Tausende von blühenden Apfelbäumen das Herz höher schlagen, verströmen eine weiß-rosa Leichtigkeit, und fast fühlt man sich in einen japanischen Kirschblütenhain versetzt – wobei mir eine steirische Apfelwiese lieber ist!

Apfelvielfalt zum Anbeißen

Einer der Apfelbauern aus Leidenschaft ist Karl Schloffer, der mit seiner Frau Paula einen Hof im Kernland der Apfelproduktion bewirtschaftet: in Oberfeistritz bei Puch, am Fuß des Kulm. Die Bedingungen sind hier ideal. Wir befinden uns an der Grenze zwischen den Alpen, deren letzte Ausläufer Hügel wie der Kulm sind, und der Weite der ungarischen Tiefebene. Tagsüber kommt der Wind von Süden und bringt die warme Luft vom Mittelmeer zu den steirischen Apfelbäumen, nachts dreht er auf Nordwest und es kühlt stark ab – ideales Apfelklima, erzählt Karl Schloffer.

Den Jausenwind nennen sie hier den warmen Südwind – er löst morgens gegen neun Uhr den kalten Wind ab, zur Zeit der Frühstückspause, die bei uns in Österreich Jause heißt. Das besondere Aroma und die appetitliche Farbe der Früchte entstehen durch diese starken Temperaturunterschiede – die Äpfel werden rot „mit schöne Backerl".

Wer in einen solchen Apfel beißt, schmeckt den Unterschied zur Dutzendware aus dem Supermarkt, die oft lange Reisen vom anderen Ende der Welt hinter sich hat. Steirische Äpfel haben eine feine Säure, die Tafeläpfel, die auch im Ausland begehrt sind, landen frisch geerntet beim Verbraucher.

Nach seinen Lieblingssorten befragt, kann sich der Apfelbauer kaum entscheiden: „Den Topaz esse ich gern, Santana, Elstar – alle frisch vom Baum, und den Gravensteiner, den Strudelapfel!" Kronprinz Rudolf heißt eine andere Sorte, der Steirerapfel schlechthin – eine vor rund 150 Jahren hier entstandene Apfelsorte. Es gibt Sorten mit lustigen Namen wie Schafnase, andere kennen wir alle: Golden Delicious, Braeburn, Gala und Jonagold sind überall beliebt, hier kommen sie aus biologischer Landwirtschaft. Die Schloffers denken eben auch an die nächste Generation: Sie wollen Grund und Boden samt Obstbäumen so natürlich und gesund wie möglich an ihre Kinder weitergeben. Deshalb arbeiten sie vor allem an der Qualität ihrer Äpfel und weniger daran, ständig die produzierte Menge zu erhöhen. Und das merkt man: Wie viele steirische Produzenten setzen auch sie auf Direktvermarktung. Am Hof kann der Genießer die feinsten Apfelprodukte kaufen – Apfelfrizzante, Apfelmost

Apfelbaumblüte und reiche Ernte im Obstgarten Österreichs.

und Apfelsaft aus ausgesuchten Sorten, getrocknete Apfelringe aus mildem Delicious für die Kinder. Paula Schloffer kocht nach ihrem Geheimrezept himmlische Apfelmarmelade, und ihr Mann hat das traditionelle Schnapsbrennen verfeinert.

Schon Kaiserin Maria Theresia hat den Vorfahren der Schloffers das Brennrecht verliehen, doch erst seit einem Jahrzehnt haben sich die Apfelbauern um den Kulm zusammengeschlossen zu den Abakus-Apfelmännern, die jedes Jahr gemeinsam einen Apfelbrand herstellen. Für einen allein würden sich die teuren Destillieranlagen nicht lohnen, und so treffen sie sich alljährlich und wählen den diesjährigen Favoriten unter den Sorten aus. Daraus entsteht dann in einem geheimnisvollen Verfahren in dreitägiger Klausur der jährliche Apfelschnaps in limitierter Auflage – über den Apfelmännern wachen der keltische Apfelgott Abellio und ein antiker Römerstein in der Pucher Kirche mit dem Bild eines Apfels. Der Apfelanbau hat hier seit mehreren Tausend Jahren Tradition.

Der Steirische Ölkürbis

Kürbis ist, nach Mais und Getreide, die drittwichtigste Ackerfrucht in der Steiermark. 5000 Kürbisbauern gibt es im Land, kleine Nebenerwerbsbauern mit einem Mini-Kürbisfeld und große mit vielen Hektar Kürbis. Als

Die Abakus-Apfelmänner brennen ihren Schnaps nur aus ausgesuchten Früchten einer Sorte, die sie jedes Jahr gemeinsam bestimmen.

Kind habe ich mir immer vorgestellt, dass alle Sterne der Milchstraße im Herbst heruntergefallen und auf dem Acker gelandet sind – so plötzlich werden die Früchte riesengroß und gelb, während sie das Jahr über unscheinbar unter Ranken und Blättern versteckt waren. „Bluza" nennen wir den Kürbis in der Steiermark, und diese Bluza sind in meiner Heimat hauptsächlich Steirische Ölkürbisse. Verwendet werden die Kerne, aus denen die steirische Speziaiät schlechthin entsteht: das berühmte Kürbiskernöl. Mehr als zweieinhalb Kilogramm getrocknete Kürbiskerne braucht man für einen Liter Öl. In kleinen Betrieben werden die Kerne bis heute händisch aus den aufgeschnittenen Ölkürbissen herausgeholt. Fährt man im Herbst übers Land, kann man die alten Leute und ihre jungen Helfer wie vor fünfzig Jahren auf dem Feld oder vor dem Hof sitzen sehen – auf dem Schoß einen aufgeschnittenen Kürbis, aus dessen weicher Mitte die Kerne herausgepult und in einer großen Schüssel gesammelt werden. Sie müssen dann schnell vom restlichen Fruchtfleisch gereinigt und anschließend getrocknet werden. So sind sie bis zur nächsten Kürbisernte lagerfähig, denn das Öl wird immer nur in kleinen Portionen gepresst – ganz frisch schmeckt es am besten.

In der Ölmühle Fandler in Pöllau beschäftigt man sich seit Generationen mit den Feinheiten des Ölpressens. Dreißig verschiedene Öle aus den unterschiedlichsten Samen und Kernen werden hier hergestellt. Vom behutsamen Zerkleinern der Samen über das Erhitzen und das Pressen – jedes Öl braucht eine andere Temperatur und lange Erfahrung der Pressmeister. Dafür schmecken sie aber auch so einzigartig – Mohnöl schmeckt nach Mohn und Haselnussöl hat eine Nougatnote. Julia Fandler berichtet von Kunden, die zum ersten Mal in ihrem Leben feststellen, dass Sonnenblumenöl nach Sonnenblumenkernen schmecken kann! Und Kürbiskernöl schmeckt eben kräftig nach steirischem Ölkürbis. Da steigen die Erinnerungen an den Erdäpfelsalat meiner Kindheit in mir auf. Die Steirer würzen nicht nur jeden Salat mit dem geliebten Kürbiskernöl, vom Häupterlsalat bis zum Vogerlsalat, sondern auch die geliebte Eierspeis – das Rührei – ebenso wie ihr Vanilleeis, das ein Schuss Kernöl zum steirischen Dessert veredelt.

Feinster Essig aus steirischen Früchten

Die im milden Weinklima gereiften Früchte haben auch Alois Gölles inspiriert. Er hat sich auf die Produktion von Obstbrand und von Essig spezialisiert – Essig vom Feinsten! Für seinen Essig verwendet Gölles nur den reinen Saft der jeweils namengebenden Frucht. Apfelessig besteht also zu hundert Prozent aus steirischen Most- und Tafelapfelsorten wie Maschansker, Bohnapfel und Reinette, die hier im Vulkanland um die Riegersburg gedeihen. Die Weinessige haben als Basis ausschließlich sortenreine Weine. Daneben experimentiert Gölles mit allen vorstellbaren einheimischen Fruchtsorten – es gibt Quittenessig und Kirschenessig, Zwetschgen- und Marillenessig. Ein jeder schmeckt anders, ein jeder nach der Frucht, aus der er hergestellt ist. Die Essige lagern viele Jahre in Fässern aus den verschiedensten Hölzern, mit einem Luftloch an der Oberfläche, damit ständig Flüssigkeit verdunsten kann. Je länger er lagert, desto sämiger und geschmacksintensiver wird der Essig – wie der zehn Jahre alte Apfel-Balsamessig.

Meinen steirischen Produzenten bin ich unendlich dankbar – denn ausgefeilte Kochkunst und Leidenschaft in der Küche führen nur dann zu besten Ergebnissen, wenn die Gewürze, die Öle und Essige ebenfalls von höchster Vollendung sind.

Die Kürbiskerne werden fein gemahlen – erst dann presst man das dunkelgrüne Öl daraus.

Kleine und große Kürbisbauern gibt es in der Steiermark – aber kaum einen Bauern ohne Kürbisfeld. Hier bin ich mal kurz in ihre Haut geschlüpft – mit großem Vergnügen.

Auf Schnaps und Essig hat sich die Manufaktur Gölles spezialisiert, die edlen Tropfen lagern teils lange Jahre im Holzfass.

Käferbohnensalat

FÜR 4 PERSONEN
ZUBEREITUNG: 1 ½ Std.

200 g getrocknete Käferbohnen
200 g gekochter Tafelspitz
3 bunte Paprikaschoten
2–3 EL Apfel-Balsamessig
75 ml Rinderbrühe
Salz, Pfeffer
60 ml Kürbiskernöl
1 Zwiebel, 1 Knoblauchzehe
2 Frühlingszwiebeln
2 EL Kren, frisch gehobelt

1. Die Bohnen über Nacht in kaltem Wasser einweichen. Abgießen und in frischem Wasser 30–40 Minuten weich kochen. Mit kaltem Wasser abschrecken und abtropfen lassen.
2. Tafelspitz in dünne Scheiben schneiden. Paprika waschen, putzen und in Streifen schneiden. Mit Bohnen und Rindfleisch mischen. Essig, Brühe, Salz, Pfeffer und Öl zu einer Vinaigrette rühren. Zwiebel und Knoblauch schälen, fein würfeln und dazugeben. Über den Salat gießen, 30 Minuten ziehen lassen.
3. Frühlingszwiebeln putzen, waschen, in Scheiben schneiden und zum Salat geben. Den Salat mit Salz und Pfeffer abschmecken und mit gehobeltem Kren bestreuen.

Vogerlsalat

mit Vulcanoschinken und Erdäpfeldressing

FÜR 4 PERSONEN
ZUBEREITUNG: 30 Min.

150 g gekochte Erdäpfel
3 EL Schnittlauchröllchen
2 EL Weißweinessig
1 Eigelb, Salz, Pfeffer
je 75 ml Brühe und Rapsöl
150 g Vogerlsalat (Feldsalat)
3 EL geröstete Kürbiskerne
200 g Vulcanoschinken
evtl. gebackene Zwiebelringe

1. Erdäpfel schälen und durch eine Presse drücken. Mit Schnittlauch, Essig, Brühe, Eigelb, Salz und Pfeffer verrühren. Öl unterrühren. Salat putzen, waschen und mit dem Dressing anmachen.
2. Salat mit Kürbiskernen auf Teller verteilen. Schinken darauflegen. Nach Belieben in Semmelbröseln panierte und in Öl ausgebackene Zwiebelringe als Garnitur darübergeben.

Marinierte Rote Rüben
mit Topinambur-Walnuss-Salat

FÜR 4 PERSONEN
ZUBEREITUNG: 1 Std.
+ 30 Min. Garen

3 mittelgroße Rote Rüben (Rote Bete)
Salz
1 TL Kümmel
1–2 Knoblauchzehen
50 g Walnusskerne
400 g Topinambur
Mehl zum Wenden
ca. 150 ml Sonnenblumenöl zum Frittieren
Pfeffer
Saft von ½ Zitrone
2–3 EL Walnussöl
2 saftige Orangen, davon 1 Bio-Orange
2–3 EL Rapsöl
1–2 TL Honig
Cayennepfeffer
2 TL Himbeeressig
etwas Salat für die Garnitur (z. B. Vogerlsalat, Spinat, Rote-Rüben-Blättchen)

1. Rote Rüben in kochendem Salzwasser zusammen mit Kümmel und den angedrückten Knoblauchzehen in etwa 30 Minuten zugedeckt weich kochen. Gegarte Knollen herausnehmen, abkühlen lassen, schälen und beiseitestellen.
2. Walnusskerne in einer Pfanne ohne Fett unter regelmäßigem Wenden rösten, dann grob hacken. Topinambur waschen. ¼ davon in dünne Scheiben hobeln. In Mehl wenden und in heißem Sonnenblumenöl goldbraun und knusprig frittieren. Chips auf Küchenpapier abtropfen lassen und salzen. Restlichen Topinambur schälen, grob raspeln und mit gehackten Walnüssen, Salz, Pfeffer, Zitronensaft und Walnussöl als Salat anmachen.
3. Von der Bio-Orange die Schale mit einem Sparschäler dünn abschälen und in feine Streifen schneiden. Orangen halbieren, Saft auspressen und mit den Schalenstreifen um die Hälfte einkochen lassen. Rapsöl und Honig untermixen, Vinaigrette mit Salz, Cayennepfeffer und Himbeeressig abschmecken.
4. Salat putzen, waschen und trocken schleudern. Rote Rüben in möglichst dünne Scheiben schneiden, am besten mit einem Gemüsehobel oder einer Aufschnittmaschine. Scheiben im Kreis auf Teller verteilen und mit der Orangenvinaigrette beträufeln. Topinambursalat und -chips mit einigen Salatblättern in der Mitte verteilen.

Steirische Mostschaumsuppe

FÜR 4 PERSONEN
ZUBEREITUNG: 40 Min.

1 Knoblauchzehe
3 Schalotten
100 g Butter
300 ml Apfelmost
½ l Geflügelbrühe
200 g Sahne
100 g Crème fraîche
2 Stangen Staudensellerie
1 säuerlicher Apfel
Zucker, Salz, Cayennepfeffer

1. Knoblauch und Schalotten schälen, klein würfeln und zusammen in 20 g zerlassener Butter anschwitzen. Mit Most ablöschen und um die Hälfte einkochen lassen. Brühe, Sahne und Crème fraîche unterrühren und etwa 20 Minuten leise kochen lassen.
2. Staudensellerie waschen, putzen, abfädeln und schräg in dünne Scheiben schneiden. Sellerieblätter zum Garnieren beiseitelegen. Apfel waschen, halbieren und vom Kerngehäuse befreien. In Spalten und dann in Scheiben schneiden. Sellerie- und Apfelscheiben in 20 g zerlassener Butter 1–2 Minuten braten. Mit 1 EL Zucker bestreuen, Sellerie und Apfel unter Wenden karamellisieren.
3. Suppe durch ein Sieb gießen. Mit Salz und Cayennepfeffer würzen. Restliche Butter zur Suppe geben, mit dem Mixstab aufmixen und in tiefe Teller verteilen. Karamellisierte Sellerie- und Apfelstücke daraufgeben. Mit Selleriegrün garnieren.

Kürbiscremesuppe

mit steirischem Kernöl und gerösteten Kürbiskernen

FÜR 4 PERSONEN
ZUBEREITUNG: 30 Min.

400 g Hokkaido-Kürbis
20 g Ingwer, 2–3 Schalotten
2 EL Rapsöl
600 ml Gemüsebrühe
100 g Sahne
30 g Kürbiskerne
Salz, Pfeffer
3–4 EL Kürbiskernöl

1. Kürbis waschen, von Kernen und weichem Inneren befreien und würfeln. Ingwer und Schalotten schälen und in dünne Scheiben schneiden. Kürbis, Schalotten und Ingwer 3–4 Minuten in heißem Rapsöl anschwitzen. Mit Brühe und Sahne aufgießen und ca. 20 Minuten bei mittlerer Hitze zugedeckt kochen lassen.
2. In der Zwischenzeit Kürbiskerne in einer Pfanne ohne Fett rösten. Salzen und grob hacken. Kürbissuppe mit dem Mixstab fein pürieren und mit Salz und Pfeffer würzig abschmecken. Heiße Suppe in tiefe Teller füllen. Mit Kürbiskernöl beträufeln und mit gehackten Kürbiskernen bestreuen.

Wurzelgemüsebouillon
mit Kräuter-Topfen-Nockerln

FÜR 4 PERSONEN
ZUBEREITUNG: 30 Min.

50 g gemischte Garten- und Wiesenkräuter (z. B. Petersilie, Sauerampfer, Kerbel, Estragon, Pimpernelle, Dill, Kresse etc.)
½ Bund Schnittlauch
125 g Topfen (Quark; Magerstufe)
Salz
1 Eigelb
3 EL Mehl
Pfeffer
1 Karotte
1 Petersilienwurzel
150 g Sellerie
½ Stange Lauch
¾ l kräftige Fleisch-, Geflügel- oder Gemüsebrühe

1. Kräuter abbrausen, trocken schütteln, Blätter abzupfen und hacken. Schnittlauch in Röllchen schneiden. Gehackte Kräuter mit dem Topfen in einen hohen Becher geben und mit einem Mixstab fein pürieren. In einem Topf Salzwasser zum Kochen bringen.
2. Kräuter-Topfen-Mischung mit Eigelb und Mehl glatt rühren und mit Salz und Pfeffer abschmecken. Aus der Masse mithilfe von zwei Esslöffeln Nocken abstechen, diese in siedendes Salzwasser geben, die Temperatur zurückschalten und die Nocken ca. 10–12 Minuten ziehen lassen (nicht kochen!).
3. Inzwischen Gemüse schälen und in feine Streifen schneiden bzw. hobeln. Brühe aufkochen, Gemüsestreifen hineingeben und 4–5 Minuten darin kochen lassen. Suppe eventuell nochmals mit Salz und Pfeffer abschmecken und zusammen mit den Gemüsestreifen in tiefe Teller verteilen. Nocken mit einem Schaumlöffel aus dem Salzwasser heben, kurz abtropfen lassen und in der heißen Bouillon servieren.

Mein Tipp:

Das Besondere an dieser kräftigen Suppe sind die grünen Nockerl. Verwenden Sie dafür die Kräuter, die Sie gerade frisch im Garten haben. Auch mit kurz blanchierten und fein pürierten Brennnesseln schmecken die Nockerl gut.

Spargeltarte

FÜR EINE FORM VON 15 x 25 cm (4 Portionen)
ZUBEREITUNG: 1 Std. + 30 Min. Backen

Ca. 16 Stangen weißer Spargel
Salz
400 g mehlig kochende Erdäpfel (Kartoffeln)
50 g gemischte Garten- und Wiesenkräuter (z. B. Petersilie, Kerbel, Schnittlauch, Bärlauch, Kresse, Estragon)
3 Eier
100 ml Milch
150 g saure Sahne
Pfeffer
geriebene Muskatnuss
25 g flüssige Butter
200 g Blätterteig
1 Eigelb

1. In einem großen Topf Wasser zum Kochen bringen. Spargel schälen, die unteren holzigen Enden wegschneiden. Spargel in kochendem Salzwasser etwa 6 Minuten vorgaren. Herausnehmen und abtropfen lassen. Die Erdäpfel waschen und im kochenden Salzwasser in etwa 30 Minuten weich kochen. Abgießen, schälen und mit einer Gabel zerdrücken.
2. Die Kräuter waschen und trocken schütteln. Blättchen abzupfen und mit Eiern, Milch und Sauerrahm in einen hohen Becher geben. Mit dem Mixstab 1–2 Minuten lang durchmixen, bis der Guss eine schöne grüne Farbe bekommen hat. Die Mischung kräftig mit Salz, Pfeffer und geriebener Muskatnuss würzen.
3. Den Backofen auf 200 °C vorheizen. Ein rechteckiges Blech mit hohem Rand mit flüssiger Butter auspinseln. Den Blätterteig ca. 3 mm dünn rechteckig ausrollen und die Form damit auslegen. Den Rand etwas hochziehen. Blätterteigrand mit Eigelb bestreichen.
4. Die zerdrückten Erdäpfel gleichmäßig auf dem Teig verteilen. Den Kräuterguss darübergießen und die Spargelstangen nebeneinander hineinlegen. Tarte im vorgeheizten Backofen auf der untersten Einschubleiste ca. 30 Minuten backen.

„Wer Spargel liebt, der muss warten können. Nämlich auf den Zeitpunkt, wenn es einheimischen Spargel frisch vom Feld gibt. Das frühere Luxusgemüse hat meine Mutter nur selten gekocht. Dazu gab es dann in Butter geröstete Brösel, gehacktes Ei und Schinkenwürfel – einfach, aber ein feines Essen.“

Spargel-Erdäpfel-Gulasch

mit gebackenem Stubenküken

FÜR 4 PERSONEN
ZUBEREITUNG: 1 Std.

2 rote Paprikaschoten
400 ml Geflügelbrühe
600 g weißer Spargel (möglichst dicke Stangen)
600 g festkochende Erdäpfel (Kartoffeln)
1 Zwiebel
2 EL Rapsöl
1 TL Zucker
2 EL Paprikapulver, edelsüß
1 TL Paprikapulver, rosenscharf
8 Stubenkükenbrüste, ohne Haut (à ca. 60 g)
Salz, Pfeffer
2 Eier
150 g Semmelbrösel
100 g Butterschmalz
1 TL Speisestärke
50 g Butter
1–2 EL gehackte Petersilie
Mehl zum Wenden

1. Paprikaschoten waschen, halbieren, entkernen und in grobe Stücke schneiden. Zusammen mit der Geflügelbrühe im Mixer sehr fein pürieren. Den Saft durch ein feines Tuch in einen Topf pressen.
2. Vom Spargel die holzigen Enden wegschneiden. Die Stangen schälen und in ca. 3 cm lange Stücke schneiden. Erdäpfel und Zwiebel schälen. Die Zwiebel in kleine Würfel, die Erdäpfel in größere Stücke schneiden.
3. In einem breiten Topf das Rapsöl erhitzen. Zwiebelwürfel, Erdäpfel- und Spargelstücke darin 3–4 Minuten anschwitzen. Zucker und Paprikapulver darüberstäuben und untermischen. Paprikasaft dazugießen und das Gulasch unter gelegentlichem Umrühren offen bei mittlerer Hitze ca. 25 Minuten einkochen lassen.
4. In der Zwischenzeit den Backofen auf 150 °C vorheizen. Stubenkükenbrüste waschen und trocken tupfen. Diese mit Salz und Pfeffer würzen, in Mehl wenden, durch das verquirlte Ei ziehen und in Semmelbröseln panieren. Butterschmalz in einer Pfanne erhitzen. Das panierte Fleisch darin goldbraun und knusprig ausbacken und auf Küchenpapier abtropfen lassen. Auf ein Blech legen und 6–8 Minuten lang im heißen Backofen fertig garen.
5. Die Speisestärke mit 1–2 EL kaltem Wasser glatt rühren. In das kochende Gulasch einrühren und einmal aufkochen lassen. Gulasch mit Butter verfeinern und mit Salz und Pfeffer kräftig abschmecken. Gehackte Petersilie untermischen. Gulasch mit gebackenem Stubenküken servieren.

Krautwickel

FÜR 4 PERSONEN
ZUBEREITUNG: 45 Min.
+ 25 Min. Garen

8 große Wirsing- oder Weißkrautblätter
Salz
100 g Langkornreis
2–3 Stängel Petersilie
3 Schalotten
1 Knoblauchzehe
30 g Butter
400 g Faschiertes (Hackfleisch), Rind- und Schweinefleisch gemischt
3 EL Semmelbrösel
2 Eier
Cayennepfeffer
1 TL Paprikapulver, edelsüß
2 EL Butterschmalz
2 Zwiebeln
1 EL Wacholderbeeren
1 Lorbeerblatt
100 ml Weißwein
¼ l Fleischbrühe
1 EL Speisestärke zum Binden

1. Krautblätter waschen und die mittleren, dicken Blattrippen mit einem Messer keilförmig herausschneiden. Blätter in kochendem Salzwasser etwa 2 Minuten blanchieren. Kalt abschrecken und abtropfen lassen.
2. Reis in kochendem Salzwasser garen, in ein Sieb abgießen und auskühlen lassen. Petersilie waschen, trocken schütteln, Blättchen abzupfen und fein hacken.
3. Schalotten und Knoblauch schälen, fein würfeln und in zerlassener Butter kurz anschwitzen. Zusammen mit dem Reis zum Hackfleisch geben. Mit Semmelbröseln, Eiern, Salz, Cayennepfeffer und Paprika verkneten. Zu 8 Röllchen formen. Die Krautblätter auf der Arbeitsfläche ausbreiten und die Hackfleischröllchen darauflegen. Blattränder einschlagen und die Blätter aufrollen. Rouladen kreuzweise mit Küchengarn binden.
4. Schmalz in einem Bräter erhitzen und die Krautwickel rundherum darin anbraten, herausnehmen. Zwiebeln schälen, in Streifen schneiden und im Bräter unter regelmäßigem Umrühren in etwa 15 Minuten goldbraun anbraten. Wacholderbeeren und Lorbeer zugeben. Mit Wein ablöschen und etwas einkochen lassen. Mit Brühe aufgießen, Rouladen zurück in den Bräter legen und zugedeckt bei mittlerer Hitze 25 Minuten schmoren.
5. Den Backofen auf 100 °C vorheizen. Rouladen aus dem Sud nehmen, auf eine Platte legen und abgedeckt im Backofen warm halten. Den Sud 2 Minuten bei schwacher Hitze kochen lassen. Die Speisestärke mit einigen EL kaltem Wasser glatt rühren, in den Sud geben und aufkochen lassen. Die Sauce salzen und pfeffern. Zu den Krautwickeln servieren.

Die klassische Beilage zu den beliebten Krautwickeln ist ein cremiges Erdäpfelpüree.

Gebackene Apfelknödel

mit Preiselbeer-Gewürz-Ragout und Mostschaum

FÜR 4–6 PERSONEN
ZUBEREITUNG: 1½ Std.

100 g weiche Butter
220 g Zucker
1 Pck. Vanillezucker
1 Prise Salz
Zimt
4 feste Äpfel (z. B. Elstar)
Saft von ½ Zitrone
100 g gemahlener Zwieback
1 Vanillestange
2 Sternanis
3 Kardamomkapseln
1 Zimtstange
3 Nelken
100 ml Rotwein
150 ml roter Ribiselsaft (Johannisbeersaft)
400 g frische Preiselbeeren
1 TL Speisestärke
2 Eier
80 g Biskuitbrösel
ca. 400 ml Sonnenblumenöl
4 Eigelb
100 ml Apfelmost
2 EL Apfelbrand
Puderzucker zum Bestäuben

1. Butter mit 80 g Zucker und Vanillezucker schaumig schlagen und mit einer Prise Salz und Zimt würzen. Äpfel schälen, vierteln und vom Kerngehäuse befreien. Die Viertel in kleine Würfel schneiden und mit Zitronensaft beträufeln. Mit dem fein gemahlenen Zwieback unter die Buttercreme rühren, abdecken und für 30 Minuten in den Kühlschrank stellen.
2. In der Zwischenzeit 100 g Zucker in einem Topf karamellisieren lassen, Gewürze (aufgeschlitzte Vanillestange, Sternanis, zerdrückte Kardamomkapseln, Zimtstange, Nelken) zufügen und mit Rotwein und Ribiselsaft ablöschen. Preiselbeeren zufügen und bei schwacher Hitze etwa 5 Minuten kochen lassen. Gewürze entfernen. Die Speisestärke mit 2 EL Wasser glatt rühren, zugeben und einmal aufkochen lassen.
3. Aus der Apfelmasse tischtennisballgroße Knödel formen. Die Eier verquirlen. Knödel zuerst im Ei, dann in Biskuitbröseln wenden. Das Sonnenblumenöl erhitzen und die Knödel portionsweise darin goldbraun frittieren. Auf Küchenpapier abtropfen lassen und warm stellen.
4. Eigelbe mit restlichem Zucker und Most in einer Schüssel über einem heißen Wasserbad schaumig aufschlagen. Apfelbrand unterrühren.
5. Apfelknödel mit Preiselbeerragout und Mostschaum anrichten. Nach Belieben mit etwas Puderzucker bestäuben. Sofort servieren.

Powidltascherl

mit Zwetschken-Buttermilch-Eis

FÜR 4–6 PERSONEN
ZUBEREITUNG: 2 Std.
+ 4–5 Std. Gefrieren

FÜR DAS EIS:
100 g Zucker
¼ l Rotwein
½ TL Zimt
400 g reife Zwetschken
200 ml Buttermilch

FÜR DIE POWIDLTASCHERL:
300 g mehlig kochende Erdäpfel (Kartoffeln)
2 Eigelb
50 g Kartoffelstärke
25 g weiche Butter
Salz
150 g Powidl (festes Zwetschkenmus)
1 cl Rum
etwas abgeriebene Schale einer Bio-Orange
Mehl für die Arbeitsfläche

FÜR DIE BRÖSEL:
50 g Butter
50 g Zucker
je etwas abgeriebene Schale einer Bio-Zitrone und einer Bio-Orange
1 Prise Zimt
125 g Semmelbrösel
Puderzucker zum Bestäuben

1. Für das Eis Zucker mit Rotwein und Zimt in einem Topf zum Kochen bringen und um die Hälfte einkochen lassen. Zwetschken halbieren, entsteinen und mit Buttermilch und eingekochtem Rotwein in einen hohen Becher geben. Mit dem Mixstab fein pürieren, in eine flache Schale gießen und im Tiefkühlfach in 4–5 Stunden gefrieren.
2. In einem Topf Wasser zum Kochen bringen und die Erdäpfel darin in der Schale weich kochen. Den Backofen auf 200 °C vorheizen. Die Erdäpfel abgießen, schälen und in eine flache ofenfeste Schale legen. Im heißen Backofen ca. 10 Minuten ausdämpfen lassen. Die Erdäpfel zweimal durch die Presse drücken. Mit einem Kochlöffel 1 Eigelb in die Masse einarbeiten. Nach und nach die Kartoffelstärke untermischen, bis sie vollständig aufgenommen ist. Die weiche Butter unter den Teig kneten, mit 1 Prise Salz würzen. Den Teig in Klarsichtfolie wickeln und im Kühlschrank 1 Stunde ruhen lassen.
3. Powidl mit Rum und Orangenschale abschmecken. Den Erdäpfelteig auf einer bemehlten Arbeitsfläche 2 mm dünn ausrollen und Kreise (Ø 8 cm) ausstechen. Mit einem Löffel jeweils etwas Powidl auf eine Kreishälfte setzen. Das zweite Eigelb verquirlen und den Teigrand damit bestreichen. Kreis zusammenklappen und die Ränder mit einer Gabel andrücken. Reichlich Wasser in einem breiten Topf aufkochen und leicht salzen. Powidltascherl hineingeben, die Temperatur reduzieren und die Tascherl ca. 10 Minuten ziehen lassen.
4. Für die Brösel die Butter in einer Pfanne zerlassen. Den Zucker darin auflösen und die Pfanne vom Herd nehmen. Zitronen- und Orangenschale unterrühren, mit Zimt abschmecken und die Semmelbrösel untermischen. So lange rühren, bis die Brösel das Fett völlig aufgesaugt haben und wieder trocken sind.
5. Die Powidltascherl mit einer Schaumkelle aus dem Wasser nehmen, gut abtropfen lassen und in den Bröseln wälzen.
6. Tascherl mit dem Eis auf Tellern anrichten und nach Belieben mit etwas Puderzucker bestäubt servieren.

Rhabarber-Consommé

mit Erdbeeren und Holunderblütensorbet

FÜR 4 PERSONEN
ZUBEREITUNG: 1 Std.
+ 45 Min. Ziehen

ca. 50 g Holunderblüten
150 g Puderzucker
Saft von 2 Zitronen
2 Eiweiß
500 g Rhabarber
¼ l Weißwein
100 g Zucker
75 g Mehl und etwas Mehl zum Wenden
1 TL Backpulver
200 g reife Erdbeeren
Sonnenblumenöl zum Frittieren
Puderzucker zum Bestäuben

1. Holunderblüten gründlich abbrausen, trocken schütteln und in eine große Schüssel geben. ¼ der Blüten für die Garnitur beiseitelegen.
2. 200 ml Wasser mit Puderzucker aufkochen und über die Holunderblüten gießen. Abgedeckt 45 Minuten ziehen lassen. Sirup durch ein feines Tuch gießen, mit Zitronensaft und Eiweiß verrühren und in einer Eismaschine cremig gefrieren.
3. In der Zwischenzeit den Rhabarber waschen, putzen und in kleine Würfel schneiden. Zwei Drittel davon zusammen mit Wein und Zucker in einen Topf geben, einmal aufkochen lassen und bei schwacher Hitze 30 Minuten ziehen lassen. Restlichen Rhabarber als spätere Einlage beiseitestellen.
4. Mehl mit Backpulver und 150 ml kaltem Wasser glatt rühren. Öl in einem Topf erhitzen. Beiseitegelegte Blüten in Mehl wenden, durch den Teig ziehen und im heißen Öl in etwa 1 Minute goldbraun ausbacken. Auf Küchenpapier abtropfen lassen.
5. Erdbeeren putzen, waschen und halbieren. In tiefe Teller verteilen. Gekochten Rhabarber durch ein Tuch in einen anderen Topf pressen. Beiseitegelegte Rhabarberstücke hineingeben und in dem heißen Sud noch 5 Minuten ziehen lassen. Rhabarberstücke aus dem Sud nehmen und zu den Erdbeeren geben.
6. Warme Consommé über die Erdbeer- und Rhabarberstückchen in die Teller gießen. Je eine große Kugel Sorbet pro Portion darauf verteilen, mit gebackenen Blüten garnieren und mit Puderzucker bestäubt sofort servieren.

Mein Tipp:

Wenn Sie keine Eismaschine zur Verfügung haben, gefrieren Sie das Sorbet einfach im Tiefkühlfach. Dafür den Sirup mit Zitronensaft mischen, in ein flaches Gefäß gießen und unter gelegentlichem Umrühren etwa 2 Stunden anfrieren lassen. Dann das Eiweiß steif schlagen, unter das angefrorene Sorbet rühren und nochmals 1 Stunde gefrieren lassen.

Kürbiskernparfait
mit Hollerkoch

FÜR EINE TERRINENFORM VON 1 l INHALT
(6–8 Portionen)
ZUBEREITUNG: 45 Min. + 6 Std. Gefrieren

FÜR DAS PARFAIT:
100 g Kürbiskerne
100 g Zucker
4 Eigelb
50 g Puderzucker
3–4 EL Kürbiskernöl
400 ml Sahne

FÜR DAS HOLLERKOCH:
400 g Holunderbeeren
2 EL Honig
100 ml Holundersaft
Mark von 1 Vanillestange
1 Zimtstange
1 TL Speisestärke
Puderzucker zum Bestäuben

1. Kürbiskerne in einer Pfanne ohne Fett rösten. Kerne herausnehmen. Zucker in die Pfanne geben und goldbraun schmelzen lassen. Kürbiskerne untermischen. Karamellisierte Kürbiskerne auf einem Bogen Backpapier auskühlen lassen. Den Kürbiskernkrokant zuerst in Stücke brechen, dann in einer Küchenmaschine fein hacken.
2. Eigelbe mit 2 EL Wasser und Puderzucker in einer Schüssel über einem leise kochenden Wasserbad schaumig steif schlagen. Vom Wasserbad nehmen und kalt schlagen. Fein gehackten Krokant und Kürbiskernöl untermischen. Sahne steif schlagen und behutsam unterheben. Eine Terrinen- oder Kastenform mit Klarsichtfolie auslegen und die Parfaitmasse einfüllen. Glatt streichen und für ca. 6 Stunden in das Gefrierfach geben.
3. Holunderbeeren waschen und mit einer Gabel von den Rispen streifen. Honig in einer Pfanne schmelzen, Holunderbeeren zugeben und mit Holundersaft, Vanillemark und Zimtstange aufkochen. Etwa 1 Minute bei schwacher Hitze kochen lassen. Die Speisestärke mit 1–2 EL kaltem Wasser anrühren, in das Hollerkoch einrühren und einmal aufkochen. Abkühlen lassen.
4. Die Terrinenform bis kurz unterhalb des Randes in heißes Wasser tauchen. Parfait auf ein Brett stürzen, Folie abziehen und das Parfait in etwa 2–3 cm dicke Scheiben schneiden. Je eine Scheibe mit dem Hollerkoch servieren.

Schwammerl, Wild und Beeren –

das Beste aus dem Wald

Schätze aus dem Wald

Ich war als Kind schon gern im Wald. Der begann gleich hinter unserem Haus, das einsam inmitten der Natur lag. Den Geruch des Waldes habe ich bis heute in der Nase: erdig, moosig, feucht, mit Tannennadelduft und der Verheißung von Pilzen und anderen Köstlichkeiten.

EIN BISSCHEN UNHEIMLICH war es früher schon, so allein im dunklen Wald mit einem Pilzkörbchen in der Hand. Und das wollte bis abends gefüllt sein, denn für einen Korb voller frischer Schwammerl konnte man einen guten Preis erzielen. Vor dem Verkauf habe ich damals die Schwammerl immer gewässert. Sie sahen dann schön frisch und glänzend aus, und ein angenehmer Nebeneffekt war, dass sie an Gewicht zulegten – sie saugten sich voll Wasser, wie es Schwämme eben tun. Wenn das heute einer meiner Lieferanten machen würde – dem würde ich die Leviten lesen!

Die Steiermark ist immer noch ein Schwammerlparadies – kein Wunder, sind doch rund zwei Drittel des Landes mit Wald bedeckt. Vor allem die nördliche Steiermark ist bewaldet, und so versteht man sich hier auch besonders gut auf die Verarbeitung dessen, was aus dem Wald in die Küche kommt.

Wildbret liefert der Jäger frisch aus dem Wald in die Küche.

Schwammerl, Wild und Beeren

Einer, der sich darauf spezialisiert hat, ist der Schallerwirt in Krakauhintermühlen ganz im Westen der Steiermark. Joseph Schnedlitz und seine Frau Birgitt kennen die einheimischen Schwammerl wie sonst kaum jemand: Jede Menge Pfifferlinge, die wir Eierschwammerl nennen, Birkenpilze, Speisetäublinge, Perlpilze und sogar den König der Speisepilze, den Steinpilz, holen sie aus den Wäldern direkt vor ihrer Haustür zwischen dem malerischen Prebersee und dem Sölkpass. Begeistert sind die Gäste auch von den Wildgerichten, kommen Reh, Hirsch und Gams doch direkt vom befreundeten Jäger – ein Traum für einen Koch! Man schmeckt es, dass diese Tiere die würzigsten Gräser und Blätter in den hoch gelegenen Waldregionen gefressen haben. Rehfleisch von wild lebenden Tieren gehört zum Edelsten, was man auf den Teller bringen kann.

Wer von Schwammerln nichts versteht, lernt es in der Steiermark. Oben die Pfifferlinge und der Parasol sind Genusspilze. Am Fliegenpilz sollte man sich lieber nur optisch erfreuen.

Mit Fernglas auf der Pirsch – das ziehe ich der Jagd vor, obwohl ich gern Wild esse.

Tradition und Brauchtum werden hochgehalten in der Steiermark.

Echte steirische Volksmusik ist auf dem Land daheim – fast jeder spielt ein Instrument.

Der steirische Harmonikanachwuchs kommt aus der Krakauebene und heißt David Siebenhofer.

Ruhig und friedlich präsentiert sich die weite Waldlandschaft zwischen Prebersee und Sölkpass.

Die beste Luft Österreichs, das ist amtlich bestätigt, atmet man hier bei einem Waldspaziergang. Lebende Beweise für diese gute, reine Luft sind die zahlreichen langen Flechten, die wie biblische Bärte von den Bäumen hängen und den Wäldern einen unwirklichen Zauber verleihen. Unterwegs im Märchenwald – da ist meine Kindheit zum Greifen nah.

Beeren haben wir damals auch gesammelt, daheim. Schwarzbeeren, also Heidelbeeren, waren es hauptsächlich. Wenn wir sie nicht verkauft haben, hat meine Mutter sie für den Sonntagskuchen verwendet. Jedes Jahr hat sie einige Flaschen mit Schwarzbeeren und Obstbrand gefüllt. Dieser Schnaps musste einige Wochen reifen und wurde dann – in kleinen Portionen – als wohlschmeckendes Hausmittel gegen die Erkältungen im Winter eingesetzt. Zu meinem Bedauern allerdings nur bei den Erwachsenen.

Im Herbst sind die Wälder voll von Preiselbeeren – rot gesprenkelt leuchtet es aus den Waldlichtungen und von den steilen Berghängen. Joseph Schnedlitz kocht daraus feine Traditionsgerichte wie etwa seinen Topfenauflauf mit frischen Beeren. Was nicht gleich verarbeitet wird, wandert in hohe Einmachgläser und reift zu „sauren Granten“ heran, wie man sie hier nennt – eingelegte Preiselbeeren, die den ganzen langen Winter durch haltbar sind und als Delikatesse zu Wildgerichten gelten. Und Birgitt Schnedlitz serviert wunderbare selbst gekochte Marmelade aus einer Beere, die oft unterschätzt wird: der Brombeere. Unsere Wälder sind voll davon – man muss sie nur sammeln! Zerdrückt man die schwarz glänzenden Früchte, offenbaren sie einen Saft von dunklem Purpur – der Inbegriff einer dramatischen Herbstfärbung. Ebenso der Geschmack: rund, weich, süß und doch herb – ideal für meine Küche nach den Jahreszeiten!

Unterwegs im Zirbenland

Zum Abschluss gibt es einen Zirbenschnaps, denn hier beginnt das Zirbenland – nirgends sonst in den Ostalpen findet man so viele dieser seltenen Bäume. Zirben sind eine besondere Art der Bergkiefern. Sie duften unverwechselbar, enthalten sie doch ein ätherisches Öl, das nachweislich beruhigend auf den Menschen wirkt. Nicht umsonst schläft man in Zirbenholzbetten wie ein Murmeltier. Die Zirbenzapfen sind ebenfalls begehrt: Sie enthalten Samen ähnlich den Pinienkernen. Früher, so erzählen die Alten, hat man die Zirbenzapfen im Herbst gesammelt und über den Winter in Heu eingelegt. Das Harz wurde vom Heu aufgesogen, und die Kerne ließen sich leicht entnehmen, knacken und im Winter als willkommene Leckerbissen genießen. Bis heute pflegt man in der Region die Zirbenbestände, und bis heute setzt man mit den unreifen Zirbenzapfen im Sommer den leuchtend roten, herben Schnaps an, der die Mahlzeit wohltuend abschließt. Der Schallerwirt holt dann bisweilen seine steirische Ziehharmonika heraus – er ist ein wahrer Meister an diesem Instrument – und spielt auf, dass man sich in alte Zeiten zurückversetzt fühlt, als die Welt noch in Ordnung war. Hier im steirischen Wald ist sie das offensichtlich bis heute.

Granten nennt man die Preiselbeeren in der Steiermark – sauer eingelegt halten sie bis in den Winter hinein.

Hirschschinkenröllchen

mit Sellerie-Apfel-Salat und Kürbiskernpesto

FÜR 4 PERSONEN
ZUBEREITUNG: 30 Min.

200 g Sellerie
Salz
1 großer Apfel
Saft von ½ Zitrone
50 g Mayonnaise
50 g saure Sahne
Pfeffer
24 dünne Scheiben Hirschschinken
30 g Kürbiskerne
2 EL Olivenöl
3–4 EL Kürbiskernöl
einige junge Spinatblätter zum Garnieren

1. Sellerie putzen und schälen. Zuerst in dünne Scheiben, dann in feine Streifen schneiden. Reichlich Salzwasser zum Kochen bringen und die Selleriestreifen darin ca. 1 Minute blanchieren. In eiskaltem Wasser abschrecken und gut abtropfen lassen. Apfel waschen, vom Kerngehäuse befreien und ebenfalls in feine Streifen schneiden. Apfelstreifen mit Zitronensaft beträufeln.
2. In einer Schüssel Mayonnaise mit saurer Sahne verrühren und mit Salz und Pfeffer würzen. Sellerie- und Apfelstreifen untermischen. Je 2 Hirschschinkenscheiben leicht überlappend auf die Arbeitsfläche legen und etwas Sellerie-Apfel-Salat darauf verteilen. Schinkenscheiben einrollen.
3. Für das Kürbiskernpesto die Kürbiskerne in einer Pfanne ohne Fett rösten, bis sie zu duften beginnen. Anschließend die Kürbiskerne mit Oliven- und Kürbiskernöl im Mixer pürieren. Pesto mit Salz und Pfeffer abschmecken. Die Spinatblätter waschen und trocken schleudern.
4. Die Hirschschinkenröllchen auf den Spinatblättern anrichten und mit Kürbiskernpesto servieren.

Mein Tipp:

Der feine steirische Hirschschinken ist natürlich etwas ganz Besonderes. Wenn Sie ihn nicht bekommen, verwenden Sie kräftigen luftgetrockneten Vulcanoschinken oder anderen rohen Schinken für die Röllchen.

Herbstlicher Blattsalat
mit Wildhasenrücken

FÜR 4 PERSONEN
ZUBEREITUNG: 40 Min.

100 g gemischter Blattsalat (z. B. Vogerl-, Spinat-, Rote-Rüben-, Eichblattsalat)
2 saftige Bio-Orangen
20 dünne Scheiben Speck
4 Wildhasenrückenfilets (à ca. 150 g)
Salz, Pfeffer
20 g Butterschmalz
je 2 Zweige Thymian und Rosmarin
5 Wacholderbeeren
1 Knoblauchzehe
2–3 TL Brombeer- oder Himbeeressig
1 EL Orangenmarmelade
1–2 EL Walnussöl
3 EL Olivenöl
200 g reife Brombeeren

1. Salat putzen, waschen und trocken schleudern. Die Orangen waschen und abtrocknen. Orangenschale dünn abschälen und in feine Streifen schneiden. Früchte halbieren und auspressen.
2. Den Backofen auf 160 °C vorheizen. Je 5 Speckscheiben nebeneinander auslegen. Die Hasenfilets mit Salz und Pfeffer würzen, auf die Speckscheiben legen und darin einwickeln. In einer Pfanne das Butterschmalz erhitzen. Die Hasenrücken zusammen mit den Kräutern, der zerdrückten Knoblauchzehe und den zerdrückten Wacholderbeeren darin rundherum anbraten. Fleisch aus der Pfanne nehmen, auf ein Backblech legen und im Backofen in ca. 10–12 Minuten fertig garen. Herausnehmen und abgedeckt 5 Minuten ruhen lassen.
3. Den Bratensatz mit Orangensaft ablöschen. Die Orangenschalenstreifen zufügen und die Sauce um die Hälfte einkochen lassen. Kräuterzweige, zerdrückte Knoblauchzehe und Wacholderbeeren entfernen. Die Sauce in eine Schüssel gießen und mit Essig und Orangenmarmelade verquirlen. Nach und nach die beiden Ölsorten unterrühren. Vinaigrette mit Salz und Pfeffer abschmecken.
4. Blattsalate und Brombeeren zur Vinaigrette in die Schüssel geben und locker miteinander mischen. Hasenrücken in schräge Scheiben schneiden. Salat auf Teller verteilen. Die Fleischscheiben darauflegen, mit der restlichen Vinaigrette beträufeln und servieren.

Maronensuppe
mit geräucherter Entenbrust

FÜR 4 PERSONEN
ZUBEREITUNG: 40 Min.

2 Schalotten
50 g Butter
150 g Maronen, geschält und vorgegart
75 ml weißer Portwein
400 ml Geflügelfond
125 g Sahne
Salz, Pfeffer
1 Bio-Orange
150 g geräucherte Entenbrust

1. Schalotten schälen, fein würfeln und in der Hälfte der Butter anschwitzen. 100 g Maronen zugeben und leicht mitrösten. Mit Portwein ablöschen. Geflügelfond und Sahne zugeben. Deckel auflegen und die Suppe etwa 20 Minuten bei mittlerer Hitze kochen. Mit dem Mixstab fein pürieren und mit Salz und Pfeffer kräftig abschmecken.
2. In der Zwischenzeit die Orange waschen, abtrocknen und dünn abschälen. Schale in feine Streifen schneiden. Die Frucht halbieren und auspressen. Restliche Maronen klein hacken und in der übrigen Butter anschwitzen. Orangensaft und -schale zufügen und einkochen lassen. Mit Salz und Pfeffer würzen. Die Entenbrust schräg in dünne Scheiben schneiden.
3. Die Suppe in Tassen gießen, Maronen-Orangen-Mischung und Entenbrustscheiben auf der Suppe verteilen und servieren.

„Wer gern am Herd etwas erfindet, dem gefallen die Maronen. Sie können die überraschendsten Verbindungen eingehen: Ihr Charakter schwebt auf der Grenze zwischen dem Süßen und dem Salzigen und taugt sowohl zu köstlichen Süßspeisen als auch als Ergänzung zum Fleisch.“

Waldschwammerl

à la crème mit Speckknödeln

FÜR 4 PERSONEN
ZUBEREITUNG: 1 Std.

FÜR DIE SPECKKNÖDEL:
- 200 g altbackene Semmeln (Brötchen)
- 150 ml Milch
- 3 Stängel glatte Petersilie
- 1 Ei
- Salz, Pfeffer
- geriebene Muskatnuss
- 1 Zwiebel
- 50 g magerer Tiroler Bauchspeck
- 60 g Butter

FÜR DIE SCHWAMMERLSAUCE:
- 600 g gemischte Waldschwammerl (z. B. Steinpilze, Pfifferlinge, Totentrompeten etc.)
- 2 Schalotten
- 50 g Butterschmalz
- 50 ml Madeira
- 200 g Sahne
- ¼ l kräftige Geflügel- oder Gemüsebrühe
- 1 EL Speisestärke
- Salz, Pfeffer

1. Die Semmeln in kleine Würfel schneiden. Die Milch erhitzen und über die Semmelwürfel gießen. Petersilie waschen, die Blättchen abzupfen und fein hacken. Mit dem Ei zu der Semmelmasse geben. Mit Salz, Pfeffer und Muskatnuss würzen und die Masse gut durchkneten.
2. Die Zwiebel schälen und zusammen mit dem Speck fein würfeln. 30 g Butter in einer Pfanne zerlassen und die Speck- und Zwiebelwürfel darin anschwitzen. Zur Semmelmasse geben, gut durchkneten und 30 Minuten ruhen lassen.
3. In der Zwischenzeit die Schwammerl putzen und je nach Größe nochmals halbieren oder vierteln. Reichlich Wasser für die Knödel zum Kochen bringen.
4. Aus der Semmelmasse 8–12 kleine Knödel formen und in kochendes Wasser legen. Einmal aufkochen lassen, die Temperatur reduzieren und die Knödel ca. 6 Minuten ziehen lassen. Knödel herausheben und gut abtropfen lassen. 30 g Butter in einer Pfanne zerlassen und die Knödel darin schwenken.
5. Für die Schwammerl die Schalotten schälen und fein würfeln. In einer großen Pfanne das Butterschmalz erhitzen und die Schalotten darin anschwitzen. Schwammerl zufügen, kurz mitbraten und mit Madeira ablöschen. Sahne und Brühe dazugießen und etwas einkochen lassen. Die Speisestärke mit etwas Wasser glatt rühren und zufügen. Einmal aufkochen lassen und mit Salz und Pfeffer würzen. Die Schwammerl in tiefe Teller verteilen. Je 2–3 kleine Knödel darauflegen und servieren.

Maronengnocchi

mit Kohlsprossen und scharfen Wildschweinbällchen

FÜR 4 PERSONEN
ZUBEREITUNG: 1 ½ Std.

400 g mehlig kochende Erdäpfel (Kartoffeln)
Salz
250 g Maronen, geschält und vorgegart
150 g Sahne
2 Eigelb
150 g Mehl
Pfeffer
400 g Kohlsprossen (Rosenkohl)
300 g Wildschweinfleisch, vom Metzger durch den Fleischwolf gedreht
1 Ei
3 EL Semmelbrösel
2–3 TL Paprikapulver, rosenscharf
1 TL Honig
30 g Butterschmalz
50 g Butter

1. Erdäpfel ca. 30 Minuten in kochendem Salzwasser garen. In der Zwischenzeit die Maronen hacken, mit der Sahne in einen kleinen Topf geben und ca. 6 Minuten bei schwacher Hitze kochen lassen. Maronenmischung in einen Mixer geben und fein pürieren.
2. Gekochte Erdäpfel abgießen, schälen und durch eine Presse drücken. Maronenpüree, Eigelbe und Mehl zufügen und alles zu einem glatten Teig kneten. Mit Salz und Pfeffer abschmecken. Gnocchiteig zu ca. 2 cm dicken Rollen formen. Von den Rollen 2 cm lange Stücke abstechen.
3. Die Kohlsprossen putzen, halbieren und in kochendem Salzwasser in ca. 6–8 Minuten weich garen. Abgießen und kalt abschrecken.
4. Hackfleisch mit Ei, Semmelbröseln, Paprikapulver und Honig mischen. Die Masse mit Salz und Pfeffer kräftig würzen und zu kleinen Bällchen formen.
5. Für die Gnocchi reichlich Salzwasser zum Kochen bringen. Die Gnocchi hineingeben und ca. 6 Minuten bei schwacher Hitze kochen lassen. Mit einer Schaumkelle herausheben und abtropfen lassen.
6. Butterschmalz in einer großen beschichteten Pfanne erhitzen und die Gnocchi zusammen mit den Hackbällchen und den Kohlsprossen bei mittlerer Hitze ca. 12–14 Minuten anbraten. Dabei gelegentlich vorsichtig mit einem Pfannenwender durchmischen. Butter unterschwenken, alles noch mal kräftig mit Salz und Pfeffer würzen und servieren.

Rahmiges Wildgeschnetzeltes

mit gebackenem Blaukrautknödel

FÜR 4–6 PERSONEN
ZUBEREITUNG: 1 ½ Std.
+ 3 Std. Marinieren

FÜR DIE KNÖDEL:
500 g Blaukraut (Rotkohl)
2 Nelken, 1 Zimtstange
4 Wacholderbeeren
2 Lorbeerblätter
1 EL Pfefferkörner, geschrotet
2–3 EL Rotweinessig
2 EL Honig
200 ml Rotwein
Salz
2 rote Zwiebeln
20 g Butterschmalz
200 g Semmelbrösel
2 Eier
Mehl zum Wenden
½ l Pflanzenöl zum Frittieren

FÜR DAS GESCHNETZELTE:
800 g Wildfleisch
(Reh, Hirsch, Gams)
100 ml Madeira
50 ml Sherry
2 Schalotten
20 g Butterschmalz
Salz, Pfeffer
1 EL Mehl
150 ml Wildfond
100 g Sahne
1–2 EL geschlagene Sahne
1 EL gehackte Petersilie

1. Blaukraut waschen und in feine Streifen schneiden, Gewürze in einen leeren Teebeutel geben und verschließen. Beides mit Essig, Honig und Rotwein vermischen und kräftig durchkneten. Mit Salz würzen und ca. 3 Stunden stehen lassen.
2. Zwiebeln schälen, in feine Streifen schneiden und im heißen Butterschmalz glasig dünsten. Blaukraut samt Marinade und Gewürzen zugeben und bei schwacher Hitze zugedeckt etwa 40 Minuten schmoren. Vollständig erkalten lassen, Teebeutel entfernen, 3–4 EL Semmelbrösel untermischen und 10 Minuten ziehen lassen. Mit angefeuchteten Händen 4–6 Knödel aus der Masse formen und diese auf ein Tablett setzen. Die Knödel für etwa 1 Stunde in das Gefrierfach stellen.
3. Wildfleisch in dünne Scheiben schneiden. Mit Madeira und Sherry mischen und 30 Minuten ziehen lassen. Schalotten schälen und klein würfeln.
4. Den Backofen auf 100 °C vorheizen. Die Eier verquirlen. Angefrorene Blaukrautknödel in Mehl wenden, durch das Ei ziehen und in den restlichen Semmelbröseln panieren. Panierte Knödel ein zweites Mal durch das Ei ziehen und nochmals in den Semmelbröseln panieren. Das Pflanzenöl erhitzen und die Knödel darin goldbraun ausbacken. Auf Küchenpapier abtropfen lassen und im Backofen warm halten.
5. Für das Geschnetzelte das Butterschmalz in einer Pfanne erhitzen. Abgetropftes Wildfleisch darin scharf anbraten. Mit Salz und Pfeffer würzen. Fleisch herausnehmen und in eine Schüssel geben. Im Bratfett die Schalotten anschwitzen. Mit Mehl bestäuben und mit der Fleischmarinade ablöschen. Wildfond und Sahne zugießen und bei mittlerer Hitze etwas einkochen lassen. Gebratene Fleischstreifen mit dem ausgetretenen Saft unter die Sauce mischen, mit Salz und Pfeffer abschmecken. Schlagsahne unter das Geschnetzelte heben und mit den gebackenen Knödeln in tiefen Tellern anrichten. Mit gehackter Petersilie bestreuen und servieren.

Hirschkoteletts

mit Maronenkruste, Selleriepüree und eingelegten Wildkirschen

FÜR 4–6 PERSONEN
ZUBEREITUNG: 45 Min.
+ 15 Min. Garen
+ 2–3 Tage Einlegen

FÜR DIE WILDKIRSCHEN:
400 g Sauerkirschen
¼ l Rotwein
100 ml roter Portwein
100 ml Orangensaft
3 EL Honig
½ TL Speisestärke

FÜR DAS SELLERIEPÜREE:
400 g Sellerie
¼ l Geflügelbrühe
100 g Butter
Salz, Pfeffer
geriebene Muskatnuss

FÜR DIE HIRSCH-KOTELETTES:
1 Scheibe Toastbrot
150 g Maronen, geschält und vorgegart
100 g weiche Butter
Salz, Pfeffer
30 g Butterschmalz
4 Hirschkotelettes (à ca. 150 g)
2 Zweige Rosmarin
1 Zweig Thymian
2 Knoblauchzehen

1. Sauerkirschen waschen und in ein Einmachglas geben. Rot- und Portwein mit Orangensaft und Honig aufkochen und kochend heiß über die Sauerkirschen in das Glas gießen. Das Glas verschließen und zugedeckt 2–3 Tage in den Kühlschrank stellen. Vor dem Servieren den Saft in einen Topf gießen und um die Hälfte einkochen. Speisestärke in wenig Wasser anrühren und dazugeben. Einmal aufkochen lassen und beiseitestellen.
2. Sellerie schälen und würfeln. Brühe aufkochen und die Selleriewürfel hineingeben. Deckel auflegen und den Sellerie in ca. 15 Minuten weich kochen. Flüssigkeit abschütten und den Sellerie in einer Küchenmaschine zusammen mit der Butter fein pürieren. Mit Salz, Pfeffer und Muskat würzen. Warm halten.
3. Toastbrot entrinden, würfeln und mit den Maronen in einer Küchenmaschine fein mahlen. Die Butter schaumig schlagen, Maronen-Toastbrot-Mischung unterrühren. Die Masse mit Salz und Pfeffer würzen.
4. Den Backofen auf 160 °C vorheizen. Das Butterschmalz in einer Pfanne zerlassen. Hirschkotelettes mit Salz und Pfeffer bestreuen und mit Rosmarin, Thymian und angedrücktem Knoblauch auf beiden Seiten anbraten. Alles auf ein mit Alufolie ausgelegtes Backblech geben und im heißen Backofen ca. 10 Minuten garen.
5. Den Backofengrill einschalten. Hirschfleisch gleichmäßig etwa 5 mm dick mit der Maronenmasse bestreichen und unter dem Backofengrill goldbraun überbacken. Das Fleisch herausnehmen und etwas ruhen lassen. Mit Selleriepüree und eingelegten Sauerkirschen servieren.

Als zusätzliche Beilage passt dazu gedünsteter Wirsing.

Warme Mohnbuchteln

mit Vanillesauce und Schwarzbeeren

FÜR 4–6 PERSONEN
ZUBEREITUNG: 1 Std.
+ ca. 1 Std. Gehen

FÜR DIE VANILLESAUCE:
¼ l Milch
250 g Sahne
100 g Zucker
Mark von 2 Vanilleschoten
4 Eigelb

FÜR DIE BUCHTELN:
100 ml lauwarme Milch
300 g Mehl
125 g Zucker
20 g Germ (Hefe; ½ Würfel)
2 Eigelb
2 Eier
1 Prise Salz
50 g Mohn, fein gemahlen
100 g weiche Butter
400 g Schwarzbeeren
(Heidelbeeren; TK)
ca. 300 g frische Schwarzbeeren
(Heidelbeeren)
Puderzucker zum Bestäuben

1. Für die Vanillesauce Milch mit Sahne, Zucker und Vanillemark aufkochen. Die Eigelbe in einer Schüssel verquirlen. Heiße Sahnemischung langsam unter ständigem Rühren zu den Eigelben gießen. Die Mischung wieder zurück in den Topf geben und bei schwacher bis mittlerer Hitze so lange rühren, bis die Sauce dicklich-cremig geworden ist. Durch ein Sieb passieren und zugedeckt im Kühlschrank vollständig auskühlen lassen.
2. Für die Buchteln die lauwarme Milch mit 30 g Mehl, 25 g Zucker und der Hefe verrühren und an einem warmen Ort zugedeckt gehen lassen, bis sich der Teig verdoppelt hat.
3. Restliches Mehl, 25 g Zucker, Eigelbe, Eier, Salz, gemahlenen Mohn und den Vorteig in einer Küchenmaschine zusammen mit 70 g Butter zu einem glatten Teig verkneten. Teig an einem warmen Ort zugedeckt gehen lassen, bis er sich verdoppelt hat.
4. In der Zwischenzeit die TK-Schwarzbeeren mit 75 g Zucker in einen Topf geben und ca. 6 Minuten bei schwacher Hitze kochen lassen. Durch ein feines Sieb streichen, mit den frischen Beeren vermischen und in einer eckigen Auflaufform (ca. 15 x 25 cm) verteilen.
5. Hefeteig zu kleinen Kugeln formen und mit der Naht nach unten nebeneinander auf das Schwarzbeerragout setzen. Mit einem Tuch abdecken und bis zum doppelten Volumen aufgehen lassen. Den Backofen auf 180 °C vorheizen.
6. Restliche Butter zerlassen. Buchteln mit Butter bestreichen und im Backofen ca. 35–40 Minuten backen. Mit Puderzucker bestäuben und mit Vanillesauce servieren.

Knusprige Haselnussblätter
mit Waldbeeren und Waldmeistercreme

FÜR 4 PERSONEN
ZUBEREITUNG: 1 Std.
+ 30 Min. Kühlen

2 Blatt Gelatine
1 Bund Waldmeister (ca. 10–15 Stängel)
75 g Zucker
100 ml Weißwein
25 g Butter
25 g Nuss-Nougat-Masse
50 g Puderzucker
50 g Mehl
3 Eiweiß
ca. 30 g gehackte Haselnüsse
250 g zimmerwarme Mascarpone
400 g gemischte Waldbeeren (z. B. Brombeeren, Schwarzbeeren, Walderdbeeren)
1–2 EL Grand Marnier

1. Gelatine 5 Minuten in kaltem Wasser einweichen. Waldmeister gründlich waschen, trocken schütteln und grob hacken. Zucker mit Weißwein und gehacktem Waldmeister aufkochen. Den Topf vom Herd ziehen, ausgedrückte Gelatine darin auflösen und den Sud zugedeckt 30 Minuten ziehen lassen.
2. In der Zwischenzeit Butter mit Nougat schmelzen und in eine Schüssel füllen. Puderzucker und Mehl zur Butter-Nougat-Mischung sieben und mit 1 Eiweiß zu einem glatten Teig verrühren.
3. Den Backofen auf 180 °C vorheizen. Den Teig mithilfe einer Palette möglichst dünn zu 12 runden Waffeln von etwa 7 cm Ø auf ein mit Backpapier belegtes Blech streichen. Jede Waffel mit gehackten Haselnüssen bestreuen. Die Waffeln im Backofen in etwa 6 Minuten knusprig backen. Herausnehmen und erkalten lassen.
4. Den Waldmeistersud durch ein feines Sieb gießen und mit Mascarpone verrühren. Restliche Eiweiße steif schlagen und unterheben. Creme für 30 Minuten kalt stellen.
5. In der Zwischenzeit die Waldbeeren putzen, waschen und auf Küchenpapier abtropfen lassen. Beeren mit Grand Marnier beträufeln.
6. Pro Portion jeweils einige marinierte Waldbeeren mit etwas Waldmeistercreme und 3 knusprigen Mandelblättern als Türmchen aufeinanderschichten und sofort servieren.

Waldschwein und Steirerhuhn –

Spezialitäten vom Bauernhof

Höfe wie aus dem Bilderbuch

In der Steiermark findet man sie noch, die kleinen Bauernhöfe, auf denen glückliche Tiere leben, die hinaus dürfen in die Luft und in die Sonne. Ihr Futter suchen sie sich selber auf der Wiese und im Wald, und im Winter gibt es Heu, Getreide und Äpfel vom eigenen Hof.

„DAS WORT ‚PARADIES' HÖRE ICH MEHRMALS AM TAG", lacht der Jagawirt und lässt seinen Blick über den Gemüsegarten, die Rosenstauden, die Schweinewiese und weiter über die steirischen Hügel schweifen. „‚Bei euch ist's wie im Paradies', sagen die Gäste. Warum? Ich glaube, das ist diese eingewachsene Natur bei uns, deshalb schaut's aus wie im Paradies". Werner Goach, wie der Jagawirt eigentlich heißt, hat sein Gasthaus mit Landwirtschaft vor Jahrzehnten von der Mutter übernommen und ist Bauer und Wirt, Schweine- und Gemüsezüchter mit Leidenschaft. Nicht nur seine Gäste – auch seine Schweine haben das Paradies auf Erden.

Wir Steirer essen gern Schweinefleisch – denken Sie nur an Schweinebraten und Wurzelfleisch, an Bratwürste und Schinken. Aber nicht nur das Können des Kochs, sondern vor allem auch die Fleischqualität machen einen guten Braten aus. Und die stimmt beim Fleisch, das Werner Goach liefert. Seine Schweine – er bevorzugt alte widerstandsfähige Sorten wie das Schwäbisch-Hällische Landschwein – leben

Der Jagawirt Werner Goach produziert selbst Wurst und Geselchtes aus dem Fleisch seiner Schweine – das schmeckt man!

Glücklich die Sau, die beim Jagawirt in freier Natur aufwachsen darf.

im Freien auf der Wiese, sie graben sich tiefe Suhlen, in denen sie sich glücklich grunzend im Schlamm wälzen und in denen die Ferkel Fangen spielen. Jede Muttersau hat einen eigenen kleinen Unterstand, in dem sie mit ihren Ferkeln trocken und weich im Stroh liegen kann.

Kaum zu sehen bekommt man dagegen die berühmten Waldschweine, die in einem großen eingezäunten Waldstück hinter dem Haus leben und wühlen dürfen. Sie wurden aus Haus- und Wildschweinen gekreuzt, aber auch sie landen schließlich in der Jagawirt-Küche. Allerdings leben Goachs Schweine dreimal so lang wie ihre bedauernswerten Artgenossen in der konventionellen Tierhaltung. Dieses lange Leben ist ein gutes Leben, „und dann ist's halt aus", meint Werner Goach lapidar. Aber recht hat er: Die Tiere werden am Hof geschlachtet, ohne lange Transportwege, und kennen keinen Stress. Rund einhundert Schweine leben in den Wiesen und Wäldern rund um den Jagawirt. Sommer wie Winter sind sie draußen im Freien – in der warmen Jahreszeit bekommen sie Getreide, Gras und die Gemüseabschnitte aus eigenem

Mit diesem Hahn habe ich besondere Freundschaft geschlossen. Ist er nicht ein Prachtexemplar?

Sulmtaler Hahn und Henne, mit typischem Schopf, unterwegs auf Würmersuche.

Glückliches Federvieh in Freiheit – nur die Nacht verbringt es geschützt im Stall.

Anbau nebenan, im Winter auch Äpfel, die von den Apfelbauern der Gegend stammen.

Denn auch Gemüse und Obst kommen hier weitgehend aus dem eigenen Garten. Für Werner Goach gehört das zur Landwirtschaft, und genauso habe ich es von früher, aus meiner Kindheit, in Erinnerung. Kleine Bauernhöfe waren das damals bei uns, jeder hatte ein paar Schweine, Hühner, Rinder, daneben Obstbäume und einen Gemüsegarten und ein paar Äcker fürs Brotgetreide. Diese Kleinbauern gibt es heute kaum mehr, man muss sich spezialisieren, heißt es. Doch gerade in meiner Heimat Steiermark kenne ich viele Leute wie den Werner, der mit Hartnäckigkeit, viel Idealismus und Leidenschaft ein moderner Bauer nach altem Vorbild ist. „Ich will mit der Natur verbunden sein“, sagt er. „Auf dem Land leben und mein Fleisch und mein Gemüse im Großhandel kaufen – das mag ich nicht. Meine Tiere sollen es gut haben und so leben, wie es ihrer Art entspricht. Wenn man die Natur weitgehend in Ruhe lässt, dann ist alles in Ordnung.“ Zwar bleibt trotzdem noch viel Arbeit für die Familie Goach, aber dass hier die Welt in Ordnung ist, das sieht man nicht nur, das spürt man.

Das Sulmtaler Huhn

Auch Hühner gehörten in meiner Heimat zu jedem Bauernhof. Zehn bis zwanzig Legehennen waren es bei uns meist, kommandiert von einem stolzen Hahn. Eier hat man schließlich viele gebraucht in der Bauernküche – und ab und zu wurde ein Legehuhn zum Suppenhuhn. Dass ein Hahn geschlachtet und gebraten wurde, das kam nur sehr selten vor. Wenn, dann war das ein Festtagsbraten, etwas ganz Außergewöhnliches mit sensationellem Geschmack! Die Südsteiermark war schon seit dem 14. Jahrhundert weit über die Grenzen

Schönheiten, die man essen kann: Zucchiniblüten und Sonnenblumen(-kerne).

hinaus bekannt für das prächtige Steirerhuhn, eine sehr widerstandsfähige, robuste Hühnerrasse mit feinem, festem Fleisch. Der Wiener Kaiserhof ließ es sich ebenso liefern wie die herrschaftlichen Köche, die Napoleons Krönungsfeierlichkeiten ausrichteten – ein willkommenes Zubrot für Bauern und Winzer im südsteirischen Weinland. Mit dem Niedergang der Monarchie gerieten auch deren Festtagsbraten in Vergessenheit. Gott sei Dank erinnerten sich vor wenigen Jahrzehnten einige junge Steirer Landwirte an die alte Hühnerrasse, suchten die letzten Exemplare auf den kleinen Bauernhöfen meiner Heimat und züchten sie seitdem unter dem Namen Sulmtaler Huhn. Erkennbar sind die Sulmtaler am typischen Schopf und dem Wickelkamm. Sie werden auf kleinen Höfen artgerecht gehalten, suchen sich ihr Futter selber auf den bunten Streuobstwiesen zwischen Äckern und Weinbergen der Südsteiermark. Dafür liefern sie bestes Fleisch und reichlich Eier. Rund ein halbes Jahr pickt ein Sulmtaler an der frischen Luft, bevor es am Hof geschlachtet und zum Endverbraucher verschickt wird – konventionelles Mastgeflügel lebt nur fünf Wochen. Sulmtaler gibt es nur auf Bestellung, denn sie brauchen Zeit zum Wachsen. Für so gute Produkte aus meiner Heimat muss man sich dann auch in der Küche Zeit nehmen und sie mit Geduld und Liebe zubereiten. Dann schmeckt's. Wie im Paradies.

Pochiertes Landei

mit Vogerlsalat

FÜR 4 PERSONEN
ZUBEREITUNG: 40 Min.

2 Schalotten
2 EL Sonnenblumenöl
2 EL Apfelessig
2 EL Rapsöl
1 EL Honig
Salz, Pfeffer
100 g Vogerlsalat (Feldsalat) oder andere Blattsalate wie Spinat-, Mangold- oder Häupterlsalat
3–4 kleine festkochende Erdäpfel (Kartoffeln)
70 g Butter
5–6 Radieschen
30 g Kürbiskerne
4 Eier, Größe L
2 EL Semmelbrösel
etwas Kerbelkraut zum Garnieren

1. Schalotten schälen und fein würfeln. Schalottenwürfel in heißem Sonnenblumenöl anschwitzen, mit 1 EL Essig ablöschen. Pfanne vom Herd ziehen, Rapsöl und Honig unterrühren. Vinaigrette mit Salz und Pfeffer abschmecken.
2. Salat putzen, waschen und trocken schleudern. Erdäpfel gründlich waschen und mit Schale in dünne Scheiben schneiden. In 20 g heißer Butter in einer Pfanne von beiden Seiten in 3–4 Minuten knusprig braten. Auf Küchenpapier abtropfen lassen. Radieschen waschen und in dünne Scheiben schneiden. Kürbiskerne in einer Pfanne ohne Fett rösten.
3. Reichlich Wasser mit etwas Salz und 1 EL Essig aufkochen. Die Hitze reduzieren, sodass das Wasser nur noch siedet. Eier vorsichtig aufschlagen, einzeln in das siedende Wasser gleiten lassen und darin ca. 5 Minuten pochieren. Eier mit einer Schaumkelle herausnehmen, abtropfen lassen und eventuell etwas zurechtschneiden. Mit Salz und Pfeffer würzen.
4. Restliche Butter in einer Pfanne leicht bräunen, die Brösel untermischen. Pfanne vom Herd ziehen. Kerbelkraut waschen und trocken schütteln. Salat mit der Vinaigrette mischen und zusammen mit Radieschen und Kürbiskernen auf Teller verteilen. Je ein pochiertes Ei in die Mitte setzen. Knusprige Kartoffelscheiben und etwas Kerbel um das Ei verteilen. Eier mit der Bröselbutter beträufeln und servieren.

Salat von der Kalbszunge

mit Linsen und frischem Kren

FÜR 4–6 PERSONEN
ZUBEREITUNG: 1 Std.
+ 2 Std. Garen

2 Kalbszungen
10 g Pökelsalz (vom Metzger)
1 Schalotte
1 Knoblauchzehe
1 Lorbeerblatt
10 weiße Pfefferkörner
60 g braune Berglinsen
60 g rote Linsen
80 g Karotten
Salz
1 Prise Zucker
80 g Zwiebeln
80 g geräucherter Speck
160 g kleine Erdäpfel (Kartoffeln)
100 g Friséesalat
100 g Vogerlsalat (Feldsalat) oder
junger Spinat
40 g Dijon-Senf
80 ml Traubenkernöl
50 ml Brühe
1–2 EL Weißwein
1–2 TL Apfel-Balsamessig
Pfeffer
½ Bund Schnittlauch
ca. 2 EL Kren (Meerrettich),
frisch gerieben

1. Kalbszungen in einem großen Topf mit reichlich Wasser sowie Pökelsalz, Schalotte, Knoblauch, Lorbeerblatt und Pfefferkörnern zum Kochen bringen und bei schwacher Hitze ca. 2 Stunden zugedeckt kochen lassen. Die Zunge ist fertig, wenn die Zungenspitze nicht mehr fest und zäh ist. Zungen aus dem Wasser nehmen, mit kaltem Wasser abschrecken und die Haut abziehen. In den erkalteten Kochfond zurückgeben.
2. Für die Linsen in einem Topf Wasser zum Kochen bringen. Berglinsen darin 10 Minuten garen, rote Linsen zugeben und weitere 10 Minuten kochen lassen. Auf ein Sieb abschütten und mit kaltem Wasser abschrecken. Abtropfen lassen.
3. Karotten waschen, schälen und der Länge nach in dünne Scheiben schneiden. In wenig Wasser mit Salz und Zucker bissfest kochen. Zwiebeln schälen und zusammen mit dem Speck in Würfel schneiden. In eine Pfanne geben und goldbraun rösten.
4. Die Erdäpfel in ausreichend kochendem Salzwasser weich kochen. Abgießen, schälen und in Scheiben schneiden. Salate putzen und waschen. Frisée in mundgerechte Stücke teilen.
5. Senf in einer Schüssel mit dem Öl aufschlagen, Brühe unterrühren. Die Salatsauce mit Weißwein verdünnen, mit Balsamessig, Salz und Pfeffer würzen. Schnittlauch waschen, trocken schütteln und in Röllchen schneiden. Das warme Speck-Zwiebel-Gemisch mit den warmen Kartoffelscheiben, Linsen, Schnittlauchröllchen und etwas Dressing vermischen und durchziehen lassen. Die Kalbszunge der Länge nach in dünne Scheiben schneiden, auf den Linsen-Kartoffel-Salat legen und mit den Blattsalaten und den Karottenscheiben dekorieren. Mit dem restlichen Dressing überziehen, mit Kren bestreuen und servieren.

Erdäpfel-Sauerkraut-Suppe

mit Blutwurstkrapfen

FÜR 4 PERSONEN
ZUBEREITUNG: 1 Std.

FÜR DIE SUPPE:
50 g Speck
1 Knoblauchzehe
1 Zwiebel
400 g mehlig kochende Erdäpfel (Kartoffeln)
50 g Butter
150 g Sauerkraut
600 ml Fleischbrühe
200 g Sahne
1 EL getrockneter Majoran
Salz, Pfeffer

FÜR DIE BLUTWURSTKRAPFEN:
200 g Blutwurst am Stück
100 g Hähnchenbrustfilet
100 g eiskalte Sahne
Salz, Pfeffer
ca. 100 g Semmelbrösel
ca. ¼ l Pflanzenöl oder Butterschmalz zum Frittieren
frischer Majoran zum Garnieren

1. Speck würfeln. Knoblauch, Zwiebel und Erdäpfel schälen und klein schneiden.
2. Die Butter in einem Topf erhitzen. Speck mit Zwiebeln, Knoblauch und der Hälfte des Sauerkrauts darin ca. 3 Minuten glasig dünsten. Gewürfelte Erdäpfel zufügen und 1–2 Minuten mitbraten. Mit Brühe und Sahne aufgießen. Getrockneten Majoran zugeben und die Suppe bei mittlerer Hitze ca. 25 Minuten zugedeckt kochen lassen. Dabei gelegentlich umrühren.
3. In der Zwischenzeit für die Einlage die Haut der Blutwurst abziehen. Wurst und Hähnchenbrust möglichst klein würfeln. Beides zusammen mit der Sahne in einer Küchenmaschine fein pürieren. Masse mit Salz und Pfeffer würzen. Das Fett zum Frittieren in einem Topf erhitzen. Den Backofen auf 100 °C vorheizen.
4. Aus der Blutwurstmasse mithilfe von zwei Esslöffeln kleine Nocken formen, in Semmelbröseln wenden und in dem Frittierfett etwa 1 Minute ausbacken. Krapfen auf Küchenpapier abtropfen lassen und im heißen Ofen warm halten.
5. Suppe mit dem Mixstab fein pürieren, durch ein Sieb passieren und mit Salz und Pfeffer würzig abschmecken. Majoran waschen, trocken schütteln und die Blättchen abzupfen. Restliches Sauerkraut in einem Topf erwärmen und in tiefe Teller verteilen. Kartoffelsuppe darüberschöpfen. Je 3 Blutwurstkrapfen daraufgeben. Mit Majoranblättchen garniert servieren.

Sulmtaler Hendl,
unter der Haut gefüllt

FÜR 4 PERSONEN
ZUBEREITUNG: 40 Min.
+ 1½ Std. Garen

2 Schalotten
1 Knoblauchzehe
1 Stängel Petersilie
½ Bund Schnittlauch
1–2 Zweige Thymian
30 g Butterschmalz
100 g altbackene Semmeln (Brötchen)
150 ml Milch
1 Eigelb
Salz, Pfeffer
geriebene Muskatnuss
2 Eiweiß
1 Sulmtaler Hendl (ca. 1,5 kg)
3 EL Rapsöl
1 TL Paprikapulver, edelsüß
300 ml kräftige Geflügelbrühe
2–3 kleine Zwiebeln
4 junge Karotten
1 Stange Lauch
3 Petersilienwurzeln
2 Stangen Staudensellerie
8–10 kleine Erdäpfel (Kartoffeln)

1. Für die Füllung Schalotten und Knoblauch schälen und fein würfeln. Kräuter waschen, die Blättchen abzupfen und fein hacken. Butterschmalz in einer Pfanne erhitzen, Schalotten und Knoblauch darin farblos anschwitzen. Kräuter zugeben und kurz mitdünsten.
2. Semmeln in kleine Würfel schneiden. Die Milch erhitzen und darübergießen. Zugedeckt 10 Minuten ziehen lassen. Eigelb und Schalotten-Mischung dazugeben und mit Salz, Pfeffer und Muskat würzen. Alles gut miteinander verrühren und auskühlen lassen. Eiweiße zu steifem Schnee schlagen und behutsam unterheben. Masse in einen Spritzbeutel umfüllen.
3. Zum Füllen des Hähnchens mit den Fingern vorsichtig unter die Haut des Brustfleisch gehen und die Haut lösen. Dabei gut aufpassen, dass die Haut keine Risse und Löcher bekommt, da dort sonst die Füllmasse heraustritt. Mit dem Spritzbeutel die Semmelmasse zwischen Haut und Fleisch drücken und gleichmäßig mit den Händen verteilen.
4. Den Backofen auf 180 °C vorheizen. Rapsöl mit Paprikapulver, Salz und Pfeffer verrühren. Das Hendl damit einpinseln und in eine ofenfeste Auflaufform setzen. Die Brühe dazugießen und das Hendl im heißen Ofen etwa 30 Minuten garen. Dabei das Hendl ab und zu mit dem Bratensaft bepinseln.
5. In der Zwischenzeit Gemüse und Erdäpfel putzen, waschen und in grobe Stücke schneiden. Auflaufform aus dem Ofen nehmen und das Hendl kurz auf eine Platte setzen. Gemüse und Erdäpfel in die Form geben, das Hendl daraufsetzen und eine Stunde im heißen Ofen weitergaren.

Schweinefilet
mit Bärlauchkruste, Morcheln und Spargelragout

FÜR 4 PERSONEN
ZUBEREITUNG: 1 Std.
+ 20 Min. Garen

50 g Bärlauch
4 EL Olivenöl
100 g weiche Butter
Salz, Pfeffer
80 g Toastbrot, fein gerieben
1 kg weißer Spargel
½ TL Zucker
100 g kalte Butter
2 TL Mehl
200 g Sahne
geriebene Muskatnuss
Saft von ½ Zitrone
700 g Schweinefilet
2 EL Pflanzenöl
250 g Morcheln
2 Schalotten
3 EL Apfel-Balsamessig
150 ml Kalbs- oder Rindsfond

1. Bärlauchblätter abbrausen, trocken schütteln und grob hacken. Mit Olivenöl im Mixer fein pürieren. Die weiche Butter schaumig schlagen, untermischen und mit Salz und Pfeffer würzen. Toastbrotbrösel untermengen. Die Masse in einen Gefrierbeutel geben, ca. 3 mm dick ausrollen, 1 Stunde kalt stellen.
2. Spargel schälen, untere holzige Enden abschneiden. Spargelschalen und holzige Enden mit 1 l kaltem Wasser, etwas Salz und Zucker in einen Topf geben, aufkochen und etwa 25 Minuten ziehen lassen. Schalen und holzige Enden aus dem Sud nehmen. Spargelstangen in größere Stücke schneiden, im Sud aufkochen und etwa 10 Minuten garen. Spargel herausheben, den Sud durch ein Sieb gießen und ¼ l davon abmessen.
3. Die Hälfte der Butter in einem Topf aufschäumen lassen, das Mehl einstreuen. Nach und nach den abgemessenen Spargelsud und die Sahne unterrühren. Die Sauce um etwa ein Drittel einkochen lassen. Mit Salz, Pfeffer, Muskat und Zitronensaft kräftig würzen. Spargelstücke unterheben und das Ragout warm halten.
4. Den Backofen auf 150 °C vorheizen. Schweinefilet mit Salz und Pfeffer würzen und im heißen Öl rundherum anbraten. Das Fleisch aus der Pfanne nehmen, auf ein Backblech legen und etwa 15 Minuten im heißen Backofen garen.
5. Die Morcheln säubern. Schalotten schälen, fein würfeln und in 1 EL Butter anschwitzen. Morcheln zufügen und kurz mitdünsten. Mit Apfel-Balsamessig ablöschen und mit Kalbs- oder Rindsfond auffüllen. Sauce um die Hälfte einkochen lassen, restliche Butter stückchenweise unterrühren und mit Salz und Pfeffer abschmecken.
6. Das Filet mit der Kruste belegen. Dazu den Gefrierbeutel an den Rändern aufschneiden und die Masse vorsichtig herausnehmen. Das Fleisch unter dem Backofengrill 3–4 Minuten gratinieren. Fleisch in dicke Scheiben schneiden und mit Morchelsauce und Spargelragout anrichten.

Dazu passen am besten gekochte Salzerdäpfel.

Schweinekrustenbraten

mit Spitzkraut-Kürbis-Salat

FÜR 4 PERSONEN
ZUBEREITUNG: 40 Min.
+ 3 ½ Std. Garen

600 ml kräftige Fleischbrühe
2 kg Schweinebauch
2 Karotten
1 Stange Lauch
¼ Sellerieknolle
1 Flasche Dunkelbier (½ l)
½ kleiner Hokkaido-Kürbis
½ Kopf Spitzkraut (ca. 600 g; ersatzweise Weißkraut)
2–3 EL Sonnenblumenöl
2 EL Rapsöl
2–3 EL Weißweinessig
Salz, Pfeffer
1 EL Kümmel
1 Prise Zucker
75 g kalte Butter

1. Den Backofen auf 130 °C vorheizen. Die Brühe erhitzen und in einen Bräter gießen. Schweinefleisch abbrausen, trocken tupfen und eventuell mit Küchengarn in eine kompakte Form binden. Fleisch auf der Schwartenseite in die Brühe legen und im Backofen 1 Stunde garen.
2. Karotten, Lauch und Sellerie putzen, waschen und in Würfel schneiden. Den Backofen auf 160 °C schalten. Schweinfleisch aus dem Bräter nehmen. Schwarte im Abstand von ca. 1 cm einschneiden. Fleisch mit der Schwartenseite nach oben zurück in den Bräter geben. Die Gemüsewürfel um den Braten verteilen, alles mit Bier begießen und weitere 2 Stunden garen.
3. In der Zwischenzeit für den Salat Kürbis waschen, putzen und in feine Streifen hobeln. Den halben Krautkopf waschen, nochmals durchschneiden, Strunk entfernen. Kraut in feine Streifen schneiden oder hobeln. Kraut- und Kürbisstreifen in einer Schüssel mit den beiden Ölsorten, Essig, Salz, Pfeffer, Kümmel und einer Prise Zucker würzen. Abgedeckt 30 Minuten durchziehen lassen.
4. Backofengrill einschalten. Braten auf der untersten Einschubleiste ca. 25 Minuten garen, bis die Schwarte aufplatzt und zu einer knusprigen Kruste wird. Das Fleisch aus dem Bräter nehmen und warm stellen. Bratensaft mit Gemüse durch ein Sieb in einen Topf geben. Noch einmal kurz erwärmen. Die kalte Butter mit dem Mixstab untermixen.
5. Den Braten in 1 cm dicke Scheiben schneiden und mit Krautsalat und Sauce servieren.

Dazu passen am besten Braterdäpfel, Semmelknödel oder Erdäpfelknödel.

Steirisches Wurzelfleisch

FÜR 4–6 PERSONEN
ZUBEREITUNG: 45 Min.
+ 3 Std. Garen

1,5 kg Schweins-Schopfbraten (Schweinekamm, Halsgrat; ohne Knochen)
1 Zwiebel
2–3 EL Apfelessig
10–12 weiße Pfefferkörner, zerdrückt
2 Lorbeerblätter
3 Stängel Petersilie
Salz
4 Karotten (eventuell gelbe und orangefarbene gemischt)
2 Petersilienwurzeln
150 g Sellerie
250 g festkochende Erdäpfel (Kartoffeln)
1 Stange Lauch
ca. 3 EL Kren (Meerrettich), frisch gerieben

1. Fleisch mit Küchengarn in Form binden. Zwiebel mit Schale halbieren. Die Schnittflächen in einer Pfanne ohne Fett dunkel rösten.
2. In einem Bratentopf etwa 2 ½ l Wasser mit dem Essig mischen und aufkochen. Fleisch, geröstete Zwiebelhälften, Pfefferkörner, Lorbeerblätter und die gewaschene Petersilie hineingeben. Topf bis auf einen kleinen Spalt zudecken und das Fleisch bei schwacher Hitze ca. 3 Stunden kochen lassen. Nach der halben Garzeit den Sud kräftig salzen.
3. In der Zwischenzeit das Wurzelgemüse und die Erdäpfel schälen. Erdäpfel und Lauch waschen und in ca. 1 cm dicke Scheiben schneiden. Gemüse in ½ cm dicke Stifte schneiden. Etwa 25 Minuten vor Ende der Garzeit die Erdäpfel, 8 Minuten später Gemüsestifte und Lauchscheiben zugeben.
4. Das Fleisch aus der Brühe heben und das Küchengarn entfernen. Fleisch abgedeckt 10 Minuten ruhen lassen, dann in Scheiben schneiden. Zum Servieren etwas Brühe in vorgewärmte Suppenteller schöpfen. Fleischscheiben, Gemüsestifte und Erdäpfelscheiben darauf anrichten. Wurzelfleisch mit Kren bestreut servieren.

Mein Tipp:

Ob das Fleisch gar ist, stellen Sie so fest: Stechen Sie eine Fleischgabel (oder einen Metallspieß) tief ins Fleisch und ziehen Sie sie senkrecht wieder heraus. Löst sich das Fleisch leicht von der Gabel, ist es gar.

Faschierte Kalbslaiberl

mit rahmigem Gurkensalat

FÜR 4 PERSONEN
ZUBEREITUNG: 45 Min.

FÜR DIE KALBSLAIBERL (FRIKADELLEN):
1 altbackene Semmel (Brötchen)
150 ml Milch
2 Zwiebeln
2 Knoblauchzehen
25 g Butter
2–3 Zweige Majoran
2 Stängel glatte Petersilie
500 g Kalbs-Faschiertes (Hackfleisch; vom Metzger durchgedreht)
1 Ei
1 TL scharfen Senf
Salz, Pfeffer
Paprikapulver, edelsüß
30 g Butterschmalz

FÜR DEN GURKENSALAT:
2 Salatgurken
6–8 Radieschen
100 g saure Sahne
2 EL Weißweinessig
Salz, Cayennepfeffer

1. Von der Semmel die Rinde wegschneiden. Die Milch erhitzen. Semmel in kleine Würfel schneiden, mit der heißen Milch übergießen und etwas ziehen lassen. Zwiebeln und Knoblauch schälen und fein hacken. Die Butter in einer Pfanne zerlassen und Zwiebeln und Knoblauch darin anschwitzen. Leicht abkühlen lassen. Kräuter waschen und trocken tupfen. Die Blättchen abzupfen und fein hacken.
2. Hackfleisch mit eingeweichten Semmelwürfeln, gedünsteten Zwiebeln, gehackten Kräutern, Ei und Senf gründlich vermengen. Masse mit Salz, Pfeffer und Paprikapulver kräftig würzen. Hackmasse mit angefeuchteten Händen zu 8 gleich großen Laiberln formen.
3. Butterschmalz in einer beschichteten Pfanne erhitzen und die Laiberl von beiden Seiten jeweils ca. 2 Minuten anbraten. Die Hitze reduzieren und die Laiberl langsam in etwa 10 Minuten gar ziehen lassen.
4. In der Zwischenzeit für den Gurkensalat die Gurken schälen und der Länge nach mit einem Sparschäler nudelbreite Streifen herunterschneiden. Radieschen waschen und in dünne Scheiben schneiden. Saure Sahne mit Essig verquirlen, Gurkenstreifen und Radieschen damit vermischen. Salat mit Salz und Cayennepfeffer würzen.
5. Die heißen Kalbslaiberl frisch aus der Pfanne mit dem Gurkensalat servieren.

Krosse Bauernente

FÜR 4 PERSONEN
ZUBEREITUNG: 45 Min.
+ 3 Std. Garen

2–3 Zwiebeln
3 Äpfel
2 EL getrockneter Majoran
1 Ente aus Freilandhaltung (ca. 2 kg)
Salz, Pfeffer
2 Karotten
150 g Sellerie
400 ml Entenfond
100 ml Apfelsaft
2–3 EL Zuckerrübensirup
50 g kalte Butter

1. Den Backofen auf 200 °C vorheizen. Zwiebeln schälen und grob würfeln. Äpfel waschen und ebenfalls in grobe Würfel schneiden. Beides mit dem Majoran mischen.
2. Die Ente innen und außen waschen, trocken tupfen und großzügig mit Salz und Pfeffer würzen. So viel Apfel-Zwiebel-Mischung wie möglich in die Ente füllen und die Öffnung mit Küchengarn zunähen oder mit Holzspießen verschließen. Restliche Füllung beiseitestellen. Die Ente in einen Bräter legen und etwa 45 Minuten im Backofen braten. Den Bräter herausnehmen und möglichst viel Fett von der Oberfläche abschöpfen.
3. Den Backofen auf 180 °C herunterschalten. Karotten und Sellerie schälen, würfeln und mit der restlichen Apfel-Zwiebel-Mischung zur Ente in den Bräter geben. Entenfond und Apfelsaft dazugießen und den Bräter für weitere 90 Minuten in den Ofen schieben. Dabei die Ente gelegentlich mit dem Bratensaft übergießen.
4. Bräter aus dem Ofen nehmen und die Ente mit Rübensirup bestreichen. Ente nochmals für weitere 25–30 Minuten im Backofen garen. Die Ente aus dem Bräter nehmen. Füllung aus der Ente holen und zum Fond in den Bräter geben. Bratenfond um ein Drittel einkochen lassen und durch ein Sieb passieren. Die Sauce mit Salz und Pfeffer abschmecken. Die kalte Butter mit dem Mixstab untermixen.
5. Die Ente mit einem scharfen Messer in Portionsstücke zerteilen und mit der Sauce servieren.

Klassische Beilagen zur Ente sind selbst gemachte Semmelknödel und Apfelblaukraut.

„Das abgeschöpfte Entenfett haben wir daheim natürlich nicht weggeworfen! Es wurde kühl gestellt und zum Braten von Braterdäpfeln verwendet. Ich mag es aber auch – gesalzen und mit Schnittlauch bestreut – als Aufstrich auf frischem Bauernbrot, mmmh …!“

Topfenknödel mit Marillen

FÜR 4 PERSONEN
ZUBEREITUNG: 1 Std.
+ 1 Std. Kühlen

FÜR DAS MARILLEN-KOMPOTT:
500 g reife kleine Marillen (Aprikosen)
75 g Zucker
100 ml Weißwein
1 TL Speisestärke
2 EL Marillenbrand

FÜR DIE KNÖDEL:
200 g Topfen (Quark; Magerstufe)
75 g weiche Butter
50 g Zucker
1 Ei
1 Eigelb
Mark von 1 Vanilleschote
125 g Weißbrot
Salz
50 g Semmelbrösel
Puderzucker zum Bestäuben

1. Marillen waschen, halbieren und den Stein entfernen. Zucker in einem Topf karamellisieren lassen. Marillen zugeben und mit Wein ablöschen. Die Hitze reduzieren und die Marillen ca. 5 Minuten zugedeckt dünsten. Speisestärke mit wenig kaltem Wasser glatt rühren, in das Kompott einrühren und einmal aufkochen lassen. Das Kompott abkühlen lassen und den Marillenbrand untermischen.
2. In der Zwischenzeit Topfen in ein Tuch geben und gut ausdrücken. Er sollte möglichst trocken sein. 25 g Butter mit 25 g Zucker schaumig rühren. Nach und nach das Ei und das Eigelb dazugeben und unterrühren. Topfen und Vanillemark unterrühren. Weißbrot entrinden, fein würfeln und mit der Quarkmasse gründlich vermischen. Abgedeckt für 1 Stunde in den Kühlschrank stellen.
3. Für die Knödel in einem Topf Salzwasser zum Kochen bringen. Aus der Quarkmasse mit feuchten Händen 4 Knödel formen und diese im leicht siedenden Salzwasser ca. 10 Minuten ziehen lassen.
4. Restliche Butter aufschäumen lassen. Semmelbrösel und restlichen Zucker untermischen. Knödel mit einer Schaumkelle aus dem Wasser heben, abtropfen lassen und in der Bröselbutter wälzen. Mit Puderzucker bestäuben und mit dem Marillenkompott servieren.

Sturm und Kastanien –

wenn es Herbst wird im südsteirischen Weinland

Von Winzern, Wein und Buschenschank

Sanfte Kuppen, so weit das Auge reicht, auf den Südseiten bestanden mit Rebstöcken, die sich in zahllosen parallelen Zeilen auf und ab schwingen im Rhythmus der Landschaft. Dazwischen bunte Streuobstwiesen, uralte Edelkastanien und mächtige Walnussbäume und immer wieder der weite Blick bis ins Burgenland und nach Slowenien hinein.

WIR SIND IM STEIRISCHEN WEINLAND. Viele Kenner geraten heute ins Schwärmen, wenn sie an diese von der Sonne verwöhnte Landschaft denken. Sie bringt die Trauben für die besten Weißweine hervor, die ich mir zu meinen Gerichten wünschen kann. Die Winzer im Süden und Osten der Steiermark setzen all ihre Energie und ihre reiche Erfahrung ein, um die Qualität ihrer Weine stetig zu verbessern – mit Erfolg: Nicht nur in Deutschland hat sich das herumgesprochen, sogar in Übersee schätzt man steirischen Wein.

Direkt an der Grenze zur einst so genannten Untersteiermark, die heute zu Slowenien gehört, liegt in Grassnitzberg bei Spielfeld das Weingut Polz, eines der größten an der Südsteirischen Weinstraße. Der Welschriesling von Erich und Walter Polz zählt zu meinen Lieblingsweinen, ebenso wie der Sauvignon blanc, der auf der besten Lage wächst – auf sandigen Kalkböden des früheren Urmeeres, erwärmt von überdurchschnittlich vielen Sonnenstunden, die man auf der Zunge zu spüren meint, wenn man den Wein verkostet.

Die Winzer sind sich hier aber auch ihrer Rolle als wichtige Landschaftspfleger bewusst. Durch ihre mühevolle tägliche Kleinarbeit – das Kultivieren der Rebstöcke, das Auslichten und Aufbinden, das Jäten, Ziehen und Anbinden der Stöcke und die Handlese im Herbst – helfen sie diese einmalige Kulturlandschaft so zu bewahren, wie sie sich seit undenklichen Zeiten präsentiert. Auf jeden Fall seit der Römerzeit, wenn nicht sogar schon seit den alten Kelten.

Jausen, klassisch und kreativ

Feinschmecker, Weinliebhaber, aber auch Gäste, die einfach Wärme und Sonne suchen, kommen das ganze Jahr über ins steirische Weinland. Zu einer solchen Reise gehört natürlich ein Besuch im Buschenschank. Über achthundert solcher Betriebe gibt es in der Steiermark – sie alle haben ein eigenes Weingut, sie werden meist im Familienbetrieb geführt und

Wenn im Herbst der Sturm im Glas ist, gibt es nichts Schöneres, als im Buschenschank den goldenen Herbst zu genießen.

bieten Wein und Säfte aus eigener Produktion an. Dazu servieren sie die beliebte Brettljause, einen Imbiss mit Speck und Wurst, Käse und verschiedenen Aufstrichen. Alles ist hausgemacht, die Zutaten kommen aus der eigenen Landwirtschaft oder aus der Region. Aber inzwischen begnügen sich viele Buschenschankbetreiber nicht mehr mit dem klassischen Angebot – die junge Generation schöpft aus der riesigen kulinarischen Schatztruhe ihrer steirischen Heimat und wird kreativ: Man bereitet Terrinen und Pasteten, kalte Braten und vegetarische Aufstriche von der Kürbiskernbutter bis zum Krenaufstrich zu, es gibt abgmachten Tafelspitz – eine Art Rindfleischsalat –, Hirschschinken und Käferbohnensalat oder Spezialitäten der regionalen Hofkäsereien. Dass allerdings in den Buschenschänken nur kalte Speisen aus heimischer Landwirtschaft, also Jausen, serviert werden dürfen, das regelt das steirische Buschenschankgesetz.

Der Schilcherwein

Über siebzig dieser Buschenschänken dürfen sich „Ausgezeichnete Buschenschänken“ nennen – eine davon ist die des Weinguts Dreisiebner, oberhalb von Gamlitz auf einer traumhaft schönen Anhöhe gelegen. Hier möchte

Exzellente Weißweine gedeihen in der Südsteiermark.

man gern in einem der gemütlichen Winzerzimmer wohnen, die Landschaft genießen und die Weine verkosten. Neben der Produktion seiner erstklassigen Weißweine kultiviert Hannes Dreisiebner auch die Traubensorte Blauer Wildbacher – aus Nostalgie. Vermutlich seit der Keltenzeit keltert man in der Steiermark daraus den Schilcherwein – Schilcher heißt er, weil er im Glas so schön roséfarben schillert. Die Bezeichnung ist geschützt und darf nur für steirische Weine verwendet werden, die aus Blauen Wildbacher-Trauben gewonnen sind. „Rabiatperle" heißt der Schilcher im Volksmund, weil er den Männern schnell zu Kopf steigt, wie es heißt – der Schilcher war als alter einheimischer Wein einfach sehr verbreitet. Er ist ziemlich säurehaltig, grasig, rau und kann seinen Charakter selbst beim geschickten Ausbau durch einen guten Winzer nicht verbergen – dann wird er milder, schmeckt aber dennoch sehr eigen.

Beliebt ist er als Schilchersturm, also als junger Wein, noch nicht ganz vergorener Traubenmost. So wird er bei den großen steirischen Weinfesten im späten Herbst angeboten. Traditionell gibt es zum rosafarbenen Schilchersturm „Kästn", wie man die gerösteten Kastanien hier nennt. Wenn Anfang, Mitte Oktober die Weinlese abgeschlossen ist, rösten die Winzerbetriebe Maroni über dem offenen Feuer, dazu jungen Wein und Musik – was kann es Schöneres geben, als so den Herbst zu feiern? In der milden Oktobersonne des Südens sitzend, inmitten der Weinberge, mit einem Glas Wein in der Hand – da wird jeder andächtig und dankt der Natur für ihre großen Gaben, die sie uns in meiner Heimat Steiermark jedes Jahr auf Neue schenkt.

Weit reicht der Blick von den Weinbergen in die pannonische Ebene.

Der heilige Urban, Patron der Winzer und des Weinbaus, wird auch in der südlichen Steiermark verehrt.

So sehr die Landschaft verzaubert – der Weinbau bedeutet harte Arbeit.

Fladenbrot
mit Trauben, Speck und Rosmarin

FÜR 4 BROTE
ZUBEREITUNG: 45 Min.
+ 14 Min. Backen
+ ca. 1 Std. Gehen

15 g frischer Germ (Hefe; ⅓ Würfel)
1 TL Zucker
5 EL Olivenöl
500 g Weizenmehl
Salz
500 g grüne und blaue Weintrauben, gemischt
150 g geräucherter durchwachsener Speck
3 Zweige Rosmarin
50 g Walnusskerne
Pfeffer
Mehl für die Arbeitsfläche
Öl für das Blech

1. Germ in 300 ml lauwarmes Wasser bröckeln und unter Rühren darin auflösen. Zucker, 2 EL Olivenöl, Mehl und eine Prise Salz zufügen und zu einem glatten, geschmeidigen Teig kneten. Diesen in vier gleich große Stücke teilen, zu Kugeln formen und zugedeckt an einem warmen Ort zur doppelten Größe aufgehen lassen.
2. In der Zwischenzeit Trauben waschen, halbieren und die Kerne entfernen. Speck in kleine Würfel schneiden. Rosmarinnadeln vom Zweig streifen und hacken. Walnusskerne hacken.
3. Den Backofen auf 225 °C vorheizen. Teigkugeln auf einer mit Mehl bestäubten Arbeitsfläche zu flachen, länglichen Fladen formen und nebeneinander auf ein gut geöltes Backblech legen. Teigfladen dicht mit den Trauben belegen, Speck, Rosmarin und Walnüsse gleichmäßig darauf verteilen.
4. Fladenbrote mit restlichem Olivenöl beträufeln, mit Salz und Pfeffer bestreuen und im heißen Ofen etwa 14 Minuten lang backen.

„Zu den Glücksfällen meines Lebens gehört, dass ich mit selbst gebackenem Brot aufgewachsen bin. Wenn Sie sich einen richtig großen Laib nicht zutrauen, dann beginnen Sie doch einmal mit einem solchen einfachen Fladenbrot. Der herbstliche Belag macht es zur idealen Beilage zum Sturm oder zum Most.“

Zweierlei Traubenkompott

mit gebratener Gänseleber

FÜR 4 PERSONEN
ZUBEREITUNG: 40 Min.

je 300 g grüne und blaue kernlose Trauben
200 ml trockener Weißwein
300 g Gelierzucker 2:1
400 g Gänseleber
Mehl zum Wenden
1 EL Butterschmalz
Salz, Pfeffer
2 Brioches nach Belieben

1. Für das helle Kompott die grünen Trauben waschen, abzupfen und halbieren. Mit je der Hälfte von Weißwein und Gelierzucker in einen Topf geben und erhitzen. 5 Minuten sprudelnd kochen lassen. Dabei gelegentlich umrühren. Kompott noch heiß in Einmachgläser füllen, verschließen und im Kühlschrank auskühlen lassen. Auf die gleiche Weise das dunkle Kompott zubereiten.
2. Leber in 2 cm dicke Scheiben schneiden und in Mehl wenden. Butterschmalz erhitzen und die Leber darin auf jeder Seite 1 Minute braten. Mit Salz und Pfeffer würzen. Nach Belieben die Brioches würfeln und im Butterschmalz rösten. Die Leber mit dem Kompott servieren, Briochewürfel darüberstreuen.

Trauben-Walnuss-Salat

mit Ziegenkäse-Crostini

FÜR 4 PERSONEN
ZUBEREITUNG: 30 Min.

2 EL Honig, Salz, Pfeffer
Saft und Schale von 1 Bio-Zitrone
4 EL Traubenkernöl
je 150 g grüne und blaue Trauben
30 g Walnusskerne
100 g Blattsalate
½ Bund Schnittlauch
8 Scheiben Baguettebrot
100 g Ziegenfrischkäse

1. Honig, Salz, Pfeffer, Zitronensaft und -schale mit dem Traubenkernöl in einer Schüssel verquirlen. Weintrauben waschen und je nach Größe halbieren. Eventuell vorhandene Kerne entfernen. Walnusskerne grob zerkleinern und mit den Trauben zum Dressing geben.
2. Salat putzen, waschen, trocken schleudern und locker unter das Dressing mischen.
3. Schnittlauch waschen und in Röllchen schneiden. Baguettescheiben unter dem Backofengrill von beiden Seiten goldbraun rösten. Die Brotscheiben großzügig mit Ziegenfrischkäse bestreichen, mit Schnittlauchröllchen bestreuen und zum Weintraubensalat servieren.

Kaninchen mit Weißwein

und herbstlichem Gemüse im Römertopf geschmort

FÜR 4 PERSONEN
ZUBEREITUNG: 45 Min.
+ 1 ½ Std. Schmoren

1 Kaninchen (ca. 1,5 kg; vom Metzger in Stücke zerteilt)
Salz, Pfeffer
2–3 EL Olivenöl
je 2 Zweige Thymian und Rosmarin
2 Knoblauchzehen
2 Zimtstangen
400 ml trockener steirischer Weißwein
200 ml kräftige Hühnerbrühe
12 Schalotten
250 g Petersilienwurzeln
400 g Kürbis
3 Stangen Staudensellerie
200 g Maronen, geschält und vorgegart
2 EL gehackte Petersilie
75 g Butter

1. Römertopf etwa 10 Minuten in kaltem Wasser einlegen. Die Kaninchenstücke rundherum mit Salz und Pfeffer würzen. Olivenöl in einer großen Pfanne erhitzen und das Fleisch zusammen mit den Kräuterzweigen und dem angedrückten Knoblauch darin anbraten. Kaninchen mit Kräutern, Knoblauch und Zimtstangen in den Römertopf geben. Bratensatz in der Pfanne mit Wein ablöschen und die Hühnerbrühe dazugeben. Sud zu den Kaninchenteilen in den Römertopf gießen.
2. Römertopf mit Deckel auf den Boden des kalten Backofens stellen. Den Backofen auf 200 °C schalten und das Kaninchen etwa 45 Minuten lang schmoren.
3. In der Zwischenzeit das Gemüse putzen, waschen und in mundgerechte Stücke schneiden. Gemüse und Maronen zum Kaninchen in den Römertopf geben und weitere 40 Minuten schmoren.
4. Römertopf aus dem Ofen nehmen. Den Fond in einen Topf gießen und um ein Drittel einkochen. Gehackte Petersilie und Butter nach und nach unter den Schmorfond mixen und mit Salz und Pfeffer kräftig würzen. Gemüse und Kaninchen mit der Sauce begießen und alles im Römertopf servieren.

Zum geschmorten Kaninchen passt als Beilage entweder Erdäpfelpüree oder cremige Polenta.

Geeiste Rieslingmousse
mit gelierten Vanilletrauben

FÜR 4 PERSONEN
ZUBEREITUNG: 45 Min.
+ 3 Std. Gefrieren und Kühlen

4 Blatt Gelatine
3 Eier
100 g Zucker
400 ml steirischer Riesling
1 Prise Salz
Mark von 1 Vanillestange
50 g Puderzucker
je 150 g grüne und blaue kernlose Trauben
75 g Walnusskerne

1. 2 Blatt Gelatine 5 Minuten in kaltem Wasser einweichen. Eier trennen. Eigelbe mit der Hälfte des Zuckers und 150 ml Riesling in einer Schüssel über einem heißen Wasserbad dick-schaumig aufschlagen. Das dauert etwa 5 Minuten. Gelatine ausdrücken und in dem warmen Schaum auflösen. Die Schüssel vom Wasserbad nehmen und die Creme auf Eis kalt schlagen. Eiweiß mit einer Prise Salz steif schlagen. Dabei langsam den restlichen Zucker einrieseln lassen. Eischnee behutsam unter die Weincreme heben. Mousse in eine längliche, mit Klarsichtfolie ausgelegte Form füllen, glatt streichen und für ca. 3 Stunden in das Gefrierfach stellen.
2. Inzwischen die restliche Gelatine 5 Minuten in kaltem Wasser einweichen. 50 ml Wein mit Vanillemark und Puderzucker erhitzen. Gelatine ausdrücken und darin auflösen. Übrigen Riesling zufügen, die Flüssigkeit auf Eis stellen und gelieren lassen.
3. Trauben waschen, je nach Größe nochmals halbieren und untermischen. Vanilletrauben für etwa 45 Minuten in den Kühlschrank stellen.
4. Die Walnusskerne fein hacken. Geeiste Mousse mithilfe der Klarsichtfolie aus der Form heben, Folie abziehen. Die gehackten Walnüsse rundherum auf die Oberfläche der Mousse drücken. Mousse in dicke Scheiben schneiden und mit den gelierten Vanilletrauben auf Tellern anrichten.

Pochierter Weinbergpfirsich

mit Schilcher-Sorbet

FÜR 4–6 PERSONEN
ZUBEREITUNG: 45 Min.
+ 3 Std. Kühlen

FÜR DAS SORBET:
150 g Butter
4 Eigelb
½ l Schilcher-Wein
150 g Zucker

FÜR DIE PFIRSICHE:
200 ml Weißwein
75 g Zucker
4 reife Weinbergpfirsiche
1 TL Speisestärke
3 EL Pfirsichlikör

AUSSERDEM:
einige frische Himbeeren
Puderzucker zum Bestäuben

1. Für das Sorbet die Butter würfeln und mit den Eigelben in eine Schüssel geben. Wein und Zucker auf etwa 70 °C erhitzen. Langsam zu Butter und Eigelben in die Schüssel gießen und alles mit dem Mixstab auf höchster Stufe etwa 5 Minuten durchmixen. Die Masse in einer Eismaschine oder in einer flachen Schale unter gelegentlichem Umrühren im Tiefkühlfach gefrieren.
2. In der Zwischenzeit für die Pfirsiche den Weißwein mit Zucker aufkochen. Pfirsiche halbieren und den Kern entfernen. Pfirsichhälften in den leicht kochenden Sud geben und darin etwa 4 Minuten pochieren. Pfirsiche aus dem Sud nehmen, vorsichtig häuten und die Pfirsichhälften in Spalten schneiden.
3. Den Sud um die Hälfte einkochen. Speisestärke mit wenig kaltem Wasser anrühren, in den Sud einrühren und einmal aufkochen lassen. Pfirsichlikör unterrühren. Pfirsiche und Sauce erkalten lassen.
4. Pfirsichspalten mit Sauce und Himbeeren in tiefe Teller verteilen, je eine große Nocke Sorbet daraufgeben und mit Puderzucker bestäubt servieren.

Mein Tipp:

Der Pfirsich gehört zu den wenigen Obstsorten, die mit ihrer Säure dem Wein keine Konkurrenz machen, sondern im Gegenteil gut mit ihm harmonieren wie in diesem Dessert. Hervorragend passt übrigens auch der Dreiklang Pfirsich – Schokolade – Wein zusammen.

Rezeptverzeichnis

Die Temperaturangaben in den Rezepten beziehen sich auf Elektrobacköfen mit Ober- und Unterhitze. Wenn Sie einen Umluftherd verwenden, verringern Sie die Temperatureinstellung bitte jeweils um 20 °C.

Küchendolmetscher

Österreichisch–Deutsch

Backhendl	paniertes und frittiertes Hähnchen
Biskotten	Löffelbiskuits
Buchteln	Rohrnudeln
Eierschwammerl	Pfifferlinge
Erdäpfel	Kartoffeln
Faschierte Laiberl	Frikadellen, Buletten
Faschiertes	Hackfleisch
Fisolen	grüne Bohnen
Germ	Hefe
Häuptelsalat	Kopfsalat
Holler	Holunder
Jause	Brotzeit, Vesper, Zwischenmahlzeit
Käferbohnen	Feuerbohnen
Karfiol	Blumenkohl
Koch	gekochtes Mus, Brei
Kohlsprossen	Rosenkohl
Kren	Meerrettich
Laiberl	Laibchen
Marillen	Aprikosen
Paradeiser	Tomaten
Powidl	dick eingekochtes Zwetschgenmus
Ribisel	Johannisbeeren
Rote Rüben	Rote Bete
Sauerrahm	saure Sahne
Schwammerl	Pilze
Schwarzbeeren	Heidelbeeren
Semmel	Brötchen
Staubzucker	Puderzucker
Sturm	Federweißer, junger Wein
Topfen	Quark
Vogerlsalat	Feldsalat

Adressen

in der Steiermark

Tourismus
www.steiermark.com
www.graztourismus.at
www.almenland.at
www.apfelland.info
www.ausseerland.at
www.murtal.at
www.naturpark-poellauertal.at
www.weinland-steiermark.at

Gasthaus Almer
„Zur Rauchstube“
Edelschachen 13
A-8184 Anger
www.rauchstubenhaus.at

Schafzucht Andreas und Karina Neuhold
Naas-Gössental 5
A-8160 Weiz
www.weizerschafbauern.at
www.wollprodukte.at

Moarhofhechtl
Fam. Schrenk
Haufenreith 56
A-8162 Passail
www.moarhofhechtl.at

Sulmtaler Vermarktungs-GmbH
Nestelbach 52
A-8452 Großklein
www.sulmtaler.at

Wirtshaus Jagawirt
Werner und Maria Goach
Sommereben 2
A-8511 St. Stefan o. Stainz
www.jagawirt.at

Schallerwirt
Joseph und Birgitt Schnedlitz
A-8854 Krakauebene 55
in der Steirischen Krakau
www.schallerwirt.at

Ölmühle Fandler
Prätis 1
A-8225 Pöllau
www.fandler.at

Schloffers Biohof
Fam. Karl und Paula Schloffer
Oberfeistritz 26
8184 Anger
www.schloffer.at
www.abakus-puch.at

Gölles Essig
Stang 52
A-8333 Riegersburg
www.goelles.at

Weingut Sattlerhof
Sernau 2
A-8462 Gamlitz
www.sattlerhof.at

Weingut
Erich & Walter Polz
Grassnitzberg 54a
A-8471 Spielfeld
www.polz.co.at

Weingut Dreisiebner
Stammhaus
A-8461 Sulztal
a. d. Weinstrasse 35
www.dreisiebner.com

ISBN: 978-3-8338-2214-8

Projektleitung: Anja Schmidt
Journalistische Mitarbeit und Lektorat: Dorothea Steinbacher
Rezepte: Johann Lafer, Andreas Neubauer
Fotografie und Styling: Joerg Lehmann
Koch im Studio / Foodstyling: Andreas Neubauer
Umschlaggestaltung und Innenlayout:
Sabine Krohberger, ki36 Editorial Design, München
Satz: Nadine Thiel | kreativsatz, Baldham
Druck: Firmengruppe Appl, Wemding
Bindung: Conzella, Pfarrkirchen
Gedruckt auf Primaset, 130 gsm
Primaset gibt es exklusiv bei der Papier Union
Produziert von Arctic Paper
Bildnachweis Seite 150 (Sulmtaler Hahn und Henne):
Sulmtaler Vermarktungs GmbH

Ganz herzlichen Dank an Herrn Alfred Herz-Digruber
und die Steirische Tourismus GmbH für die tatkräftige
Unterstützung bei der Fotoproduktion in der Steiermark!

1. Auflage 2012
www.graefeundunzer-verlag.de

GRÄFE UND UNZER

Ein Unternehmen der
GANSKE VERLAGSGRUPPE